Babybreie
schnell & gesund zubereitet

Copyright © 2004 by area verlag gmbh, Erftstadt
Alle Rechte vorbehalten
Einbandgestaltung: agilmedien, Köln
Einbandabbildung: mauritius, Mittenwald
Printed in Slovenia 2004
ISBN 3-89996-367-9

Babybreie

schnell & gesund zubereitet

Vorwort

Die gesündeste Nahrung für den Säugling ist ohne Zweifel die Muttermilch. Sie enthält alle lebenswichtigen Nähr- und Inhaltsstoffe, die das Baby von Geburt an für seine körperliche und geistige Entwicklung benötigt.
Aber bereits ab Ende des 5. Monats entwickelt Ihr Baby einen größeren Appetit, der mitunter durch die Zufütterung von hochwertigen, gesunden Nahrungsmitteln gestillt werden muss. Gegebenfalls müssen Sie Ihr Baby langsam, Schritt für Schritt, mit der Breikost vertraut machen, da der Nährstoff- und Energiebedarf durch die Flaschennahrung allein nicht mehr ausreichend gedeckt wird.
Es stellt sich natürlich die Frage: Soll man Fertigkost oder selbst gemachte Breinahrung füttern? Ein Vorteil der Fertigkost ist sicher, dass sie schnell aufgewärmt werden kann, aus hochwertigen Zutaten hergestellt ist und streng kontrolliert wird. Da Baby-Fertignahrung der Diätverordnung entsprechen muss, ist sie weitestgehend schadstoff- und keimfrei.
Selbst hergestellte Babybreie erfordern zwar etwas mehr Zeit bei der Zubereitung, sie enthalten aber bei der richtigen Auswahl der Lebensmittel alle lebenswichtigen Nährstoffe und Vitamine, die Ihr Baby für seine Entwicklung braucht. Babybreie aus der eigenen Küche werden ohne zusätzliche Gewürze, Zucker und künstliche Zusätze zubereitet. Zudem können Sie individuell auf den Geschmack Ihres Babys abgestimmt werden.
In unserem Kochbuch für gesunde, leckere Babybreie haben wir eine Fülle an Rezepten gesammelt, die leicht zuzubereiten sind. Alle Rezepte sind für die Zubereitung für 4 Portionen und für 1 Portion berechnet. Sie können tiefgekühlt und bei Bedarf im Wasserbad oder in der Mikrowelle schnell erwärmt werden. Da durch das Tiefkühlen die meisten Vitamine und Nährstoffe erhalten bleiben, können Sie Ihrem Baby jederzeit eine köstliche Mahlzeit servieren.

Wir informieren Sie außerdem über die wichtigsten Gemüse-, Obst- und Fleischsorten, aus denen Sie schmackhafte Babybreie herstellen können, sowie über die lebenswichtigen Inhaltsstoffe der Lebensmittel. Außerdem geben wir Ihnen Tipps für die Zubereitung.

Wir wünschen Ihnen viel Spaß beim Ausprobieren der Rezepte und viel Erfolg bei den ersten Versuchen, Ihr Baby an die Breikost zu gewöhnen.

Ihre Redaktion

Wann beginnt man mit der Breizugabe?

In den ersten 5 Monaten reicht für Ihr Baby die Muttermilch in den meisten Fällen aus, doch nun ist der Zeitpunkt gekommen, nach und nach Milchmahlzeiten durch Breikost zu ergänzen, damit der Energie- und Nährstoffbedarf Ihres Babys gedeckt wird.

Energie, Eiweiß, Eisen, Calcium, Vitamine und Mineralstoffe sind für den weiteren Aufbau von Muskulatur, Zähnen, Knochen und die Zellentwicklung wichtig. Der Stoffwechsel des Babys ist nun soweit entwickelt, dass es feste Nahrungsmittel verwerten kann. Ab Ende des 5. Monats nimmt der Saug- und Schluckreflex des Babys ab, es kann mit einiger Unterstützung aufrecht sitzen und seine Kopfhaltung kontrollieren, so dass es langsam an das Essen mit dem Löffel gewöhnt werden kann.

Die Breikost soll die Milchmahlzeiten nicht ersetzen, sondern ergänzen. Damit sich der kleine Magen an die Umstellung gewöhnen kann, sollten im Babybrei anfangs nur wenige Zutaten enthalten sein. Der beste Einstieg in die Breikost ist der Karottenbrei. Wegen seines angenehmen Geschmackes wird er von Babys in den meisten Fällen gerne angenommen.

Die Breikost

Beginnen Sie am besten damit, dass Sie zur Mittagsmahlzeit ein Löffelchen Karottenbrei zur Milchnahrung reichen, und steigern Sie die Breimenge langsam. Nach etwa einer Woche können Sie den Karottenbrei bereits mit Kartoffeln vermischen. Nach einer weiteren Woche ergänzen Sie den Brei mit anderen Gemüsesorten, einer geringen Fleischmenge oder mit weichem Obst wie z. B. Bananen.

Nach dem 6. Monat wird der Nährstoffbedarf des Babys immer größer, er ist durch die Muttermilch nicht mehr vollständig abgedeckt. Deshalb sollte die Breinahrung jetzt den Hauptbestandteil der Ernährung ausmachen. Ab dem 7. Monat zeigen sich oft schon die ersten Zähnchen, das Baby beginnt mit Kaubewegungen, die durch Breie mit etwas gröberer Struktur gefördert werden. Zusätzlich zum Gemüse-Fleisch-Brei können nun Vollkorn-Getreide-Breie gefüttert werden. Sie enthalten wertvolle Vitamine und Mineralstoffe, außerdem Ballaststoffe, die die Darmtätigkeit anregen und für eine gute Verdauung sorgen. Besonders reich an Eisen ist z. B. ein Brei aus Haferflocken. Um den Vitamin-C-Bedarf Ihres Babys zu decken, sollten Sie häufig Obst unter den Getreidebrei mischen.

Die Breikost

Gegen Ende des 1. Lebensjahres hat sich das Baby vollständig an die Breikost gewöhnt, der Brei muss nicht mehr ganz fein püriert werden. Fein geschnittene Gemüse- und Obststückchen oder zerkleinerte Kekse werden unter den Brei gemischt, sie regen das Baby zum Kauen an. Der Geschmackssinn des Babys ist weitgehend ausgebildet, Sie werden bemerken, dass Ihr Baby besondere Vorlieben für bestimmte Obst- oder Gemüsesorten entwickelt. Lassen Sie ihm deshalb Zeit, sich an neue Lebensmittel zu gewöhnen und gestalten Sie den Speiseplan möglichst abwechslungsreich.

Etwa ab dem 10. Monat knabbert das Baby gerne an Brotkanten oder Kinderkeksen. Wenn die Zähnchen im Ober- und Unterkiefer ausgebildet sind, können Sie ihm auch Apfelstückchen zum Beissen geben. Lassen Sie Ihr Baby aber nicht ohne Aufsicht, wenn es an fester Nahrung herumbeisst, da die Gefahr, sich an harte Stücken zu verschlucken, sehr groß ist. Meiden Sie harte Lebensmittel, wie z. B. Nüsse, die schwer zu beißen sind.

Die Breikost

Hat sich Ihr Baby trotz größter Vorsicht doch einmal verschluckt, so klopfen Sie ihm sanft auf den Rücken und halten Sie es waagrecht, bis das Verschluckte wieder zum Vorschein kommt.

Blähende Lebensmittel wie Hülsenfrüchte oder Kohl können die Verdauung stören, das Gleiche gilt für stark gewürzte oder fette und säurehaltige Nahrungsmittel. Diese Lebensmittel sollten deshalb dem Baby noch nicht gefüttert werden.

Da die Flaschennahrung durch die Breikost verringert wird, muss darauf geachtet werden, dass das Baby ausreichend Flüssigkeit zu sich nimmt. Mindestens 1/2 Liter Flüssigkeit in Form von Wasser, Mineralwasser, verdünntem Fruchtsaft oder ungesüßten Kräuter- und Früchtetees sollte das Baby während des Tages trinken. Fenchel-, Anis-, Kamillen- oder Kümmeltee werden besonders gut vertragen, Früchtetees dürfen nicht zu säurehaltig sein. Geben Sie Ihrem Baby keine zuckerhaltigen Fertigtees, die den Zähnchen schaden. Karottensaft, mit Wasser verdünnt, ist eine willkommene Abwechslung auf der Getränkeliste.

Reichen Sie das Getränk in einer kleinen Saugflasche oder einer Trinklerntasse, die das Baby mit beiden Händchen selbst halten kann. Nach dem Trinken nehmen Sie dem Baby die Flasche oder die Tasse ab, denn ständiges Nuckeln, gerade von Fruchtsäften und gesüßten Getränken, verursacht Gaumen- und Zahnschäden.

Zwischen dem 6. und 8. Monat zeigt sich meist schon das erste Schneidezähnchen, die Backenzähne melden sich mit mehr oder weniger Schmerzen nach dem 1. Geburtstag. Das Baby ist unruhig, schreit häufig und ist anfällig für Infekte, Fieber, Hautausschläge oder Durchfall. Um spätere Zahnschäden und Kieferverformungen zu vermeiden, sollte die Öffnung im Sauger möglichst klein sein und das Saugen an der Flasche auf maximal 20 Minuten begrenzt werden. Da die Flüssigkeit die Zähne umspült, wird der natürliche Speichelschutz von den Zähnen abgewaschen und die Zähnchen nehmen auf Dauer Schaden.

Beginnen Sie bei Ihrem Baby schon frühzeitig mit der Zahnpflege. Es genügt, anfangs die Zähnchen mit einem nassen Mullläppchen abzuwischen. Wenn das Baby einmal mit dem Löffel vertraut ist, können Sie ihm eine Babyzahnbürste mit Gumminoppen geben, auf der es dann kaut und so selbst seine Zähne spielerisch "putzt". Zahnpasta und Mundwasser sind bei Babys tabu, bis sie gelernt haben, selbst den Mund zu spülen und auszuspucken.

Die Breikost

Babys lieben die Geselligkeit, sie lernen durch konzentriertes Beobachten und Nachahmen. Lassen Sie es deshalb so oft wie möglich am gemeinsamen Essen teilnehmen. Sobald es aufrecht sitzen kann, nimmt es einen "Stammplatz" in einem sicheren Hochstühlchen am Tisch ein. Es bekommt seinen eigenen, bunten, unzerbrechlichen Teller und einen flachen, abgerundeten Plastiklöffel, mit dem es sich beim Essen nicht verletzen kann. Sorgen Sie für eine harmonische Stimmung bei Tisch, denn Babys reagieren auf alle äußeren Einflüsse sehr sensibel. Je ruhiger und gelassener die Atmosphäre beim Essen ist, um so leichter lernt das Kind und entwickelt sich zu einem guten Esser.

Die Breikost

Ihr Baby hat einmal mehr, einmal weniger Hunger. Es hört, im Gegensatz zu manchen Erwachsenen, von selbst mit dem Essen auf, wenn es satt ist. Zwingen Sie es nicht, den Teller leer zu essen, wenn es nichts mehr mag. Erst wenn es über längere Zeit zu wenig Nahrung aufnimmt, sollten Sie mit dem Kinderarzt Rücksprache halten.

Beim Füttern der ersten Breimahlzeiten landet sicher eine größere Portion auf der Kleidung des Babys oder dem Tisch. Ein abwaschbares Lätzchen aus Plastik oder ein Stofflätzchen, das sich auskochen lässt, und eine unempfindliche, abwaschbare Unterlage schonen die Nerven der Eltern und des Kindes. Geben Sie anfangs nur wenig Brei auf den Teller und sparen Sie nicht mit Lob, wenn die ersten Essversuche gelungen sind.

Haben Sie Geduld, wenn die ersten Fütterungsversuche daneben gehen, denn aller Anfang ist schwer. Stillen Sie Ihr Baby vor den ersten Löffelchen Brei oder geben Sie ihm etwas Flaschennahrung, dann ist der erste Hunger gestillt und das Baby beruhigt. Versuchen Sie, ohne Hektik an das große Abenteuer heranzugehen. Je entspannter Sie selbst sind, desto leichter lernt Ihr Baby, mit dem Löffelchen zu essen.

Damit sich Ihr Baby am heißen Brei nicht verbrennt, sollten Sie ihn vorab, möglichst mit einem eigenen Löffel, kosten. Haben Sie den Brei im Wasserbad oder in der Mikrowelle erhitzt, so rühren Sie ihn vor dem Füttern gründlich durch, damit sich die Hitze gleichmäßig im ganzen Brei verteilt.

Die Breikost

Tipps für die Herstellung von Babybrei

Eine wichtige Grundvoraussetzung, um gesunde Babybreie selbst zuzubereiten, ist, nur die besten Lebensmittel einzukaufen. Ob Gemüse, Getreideprodukte, Obst oder Fleisch, sie sollten stets aus kontrolliertem, biologischem Anbau stammen. Im Reformhaus, im Naturkostladen oder auf Biomärkten finden Sie ein reichhaltiges Angebot. Kaufen Sie die Lebensmittel in nicht zu großen Mengen, da Vitamine und Inhaltsstoffe durch die Lagerung schnell abgebaut werden.

Gemüse- und Obstsorten für die Breizubereitung

Der erste Brei sollte nur aus einer Gemüsesorte zubereitet werden, damit sich Ihr Baby langsam auf die neue Kost einstellen kann. Besonders gut eignen sich hier Karotten oder Kürbis, die in wenig Wasser gedünstet, püriert und mit einigen Tropfen hochwertigem Pflanzenöl, wie z. B. Mais- oder Weizenkeimöl, vermischt werden.

Karotten gehören wie Pastinaken und Sellerie zu den Wurzelgemüsen. Sie sind wichtige Lieferanten von Eisen, Calcium, Eiweiß sowie Kalium, Kieselsäure, Kupfer, Jod, Mangan, Nickel und Phospor. Karotten weisen den höchsten Vitamin-A und –B-Gehalt von allen Gemüsesorten auf. Der gelbrote Farbstoff, das Betacarotin, ist die Vorstufe des Vitamin A und nur in Fett löslich. Bei der Zubereitung von Karottenbrei wird deshalb stets etwas Butter oder Öl hinzugefügt. Karotten sind ganzjährig erhältlich, sie können mit allen Gemüsesorten und Fleisch kombiniert werden und ergänzen Obst- und Getreidebreie.

Die gelblich-weißen **Pastinaken** haben einen milden, leicht süßlichen Geschmack. Sie liefern viele Vitamine, Minerale und Ballaststoffe. Pastinaken können mit vielen anderen Gemüsesorten gemischt werden und sind außerdem Bestandteil einer nahrhaften Gemüsebrühe.

Knollensellerie enthält ätherische Öle, Minerale und Vitamine, außerdem ist er wassertreibend. Da Sellerie manchmal Allergien auslösen kann, sollte er für Babybreie erst ab 10 Monaten in kleinen Mengen verwendet werden.

Kartoffeln und **Topinambur** zählen zum Knollengemüse. Sie sind wichtige Bestandteile in der Babynahrung, gut verträglich, leicht verdaulich und können mit jeder Gemüsemahlzeit kombiniert werden. Die stärkereichen Knollen sind eine wichtige Nährstoffquelle, da sie viel Eisen, Eiweiß, Kalium und die Vitamine A, B1, B6 und C enthalten. Weitere wichtige Inhaltsstoffe sind z. B. Aminosäuren, Eiweiß und mehrfach ungesättigte Fettsäuren.

Werden die Knollen mit der Schale gekocht, so bleiben die meisten Nährstoffe erhalten. Für die Zubereitung von Babybreien sind mehlig kochende Kartoffeln am besten geeignet. Achten Sie darauf, dass die Kartoffeln nicht angekeimt sind oder grüne Stellen aufweisen. Solche Kartoffeln dürfen nicht verwendet werden. Kartoffeln können an einem dunklen, kühlen Ort längere Zeit aufbwahrt werden.

Fenchel, ein Sprossengemüse, zählt zu den Heil- und Gewürzpflanzen. Er enthält Vitamine, Mineralstoffe und Ballaststoffe und hat einen milden, würzigen, anisähnlichen Geschmack. Das zarte Fenchelgrün wird fein geschnitten und zum Würzen des Babybreies verwendet. Die Stängel können in einer Gemüsebrühe mitgekocht werden.

Die Herstellung der Breikost

Zucchini und **Kürbisse** sind leicht verdaulich und liefern große Mengen an Vitaminen und Ballaststoffen. Ihr milder Geschmack verträgt sich mit vielen anderen Gemüsesorten. Kürbis hat keine Säure und ist deshalb für Babys sehr bekömmlich. Wie die Karotten enthält Kürbis reichlich Vitamin A und C, sowie Betacarotin.

Brokkoli, Blumenkohl und Kohlrabi sind Kohlsorten, die von Babys in geringen Mengen sehr gut vertragen werden. Sie liefern Mineralstoffe, die Vitamine A, B und C sowie Eisen, Calcium, Phosphor, Natrium und Magnesium.

Bananen zählen zu den beliebtesten Obstsorten für Babys. Sie enthalten Magnesium, Kalium, Pektine und Vitamine. Bananen helfen bei Verdauungsstörungen und Blähungen. Manchmal können sie allerdings Verstopfungen hervorrufen, in diesem Fall mischt man etwas Milchzucker unter den Bananenbrei. Bananen entwickeln ihren süßen Geschmack erst, wenn sie ausgereift sind. Beim Kauf von Bananen sollten Sie unbedingt darauf achten, dass sie aus kontrolliertem Anbau stammen, da exotisches Obst häufig mit Pflanzenschutz- und Insektenvertilgungsmitteln behandelt wird.

Äpfel gehören zu den wichtigsten heimischen Obstsorten. Wertvolle Inhaltsstoffe sind Vitamin C, Eisen, Pektine, Phosphor, Minerale und Ballaststoffe. Für die Babynahrung wählen Sie milde, süße Sorten aus. Äpfel sind ganzjährig erhältlich, sie können an einem kühlen, dunklen Ort einige Zeit gelagert werden. Für die ersten Breie werden die

Äpfel immer geschält. Äpfel können fein oder grob geraspelt oder püriert, mit dem Babybrei vermischt werden. In wenig Wasser, ohne Zucker gedünstet und püriert, ergeben Äpfel ein köstliches Apfelmus, das als Zwischenmahlzeit oder Dessert serviert wird.

Birnen entwickeln ihren feinen Geschmack erst, wenn sie ausgereift sind. Sie haben im Gegensatz zu den Äpfeln wenig Fruchtsäure und sind für Babys sehr gut verträglich. Birnen sind reich an Vitaminen und Mineralstoffen. Sie können gedünstet oder roh unter Babybreie gemischt werden.

Frische **Aprikosen** und **Pfirsiche** sind eine Köstlichkeit während der Sommermonate. Sie liefern die Vitamine A und C, außerdem Calcium, Eisen, Phosphor und Ballaststoffe. Aprikosen- oder Pfirsichkompott aus der Dose oder dem Glas enthält meist sehr viel Zucker, deshalb sollten Sie nur die frischen Früchte für die Babynahrung verwenden.

Melonen haben einen hohen Wassergehalt. Sie sind reich an Betacarotin, Vitamin A und C, Calcium, Kalium und Magnesium. Sie werden von Babys in geringen Mengen gut vertragen.

Beerenobst, wie z. B. Himbeeren, Erdbeeren, Johannisbeeren oder Brombeeren, liefert zwar viele Vitamine, enthält jedoch sehr viel Fruchtsäure. Es wird von Babys nicht gut vertragen und sollte deshalb nicht vor dem 1. Lebensjahr verwendet werden. Beerenobst wird immer durch ein Sieb passiert, um die kleinen Kerne zu entfernen.

Die Herstellung der Breikost

Getreide für gesunde Babybreie

Hafer, Grieß, Reis und Weizen sind unverzichtbar für die Herstellung von Babybreien. Sie liefern Proteine, Eiweiß, Kohlenhydrate, Vitamin B, Calcium, Eisen, Zink und viele Ballaststoffe. Die ersten Breie werden mit den leicht verdaulichen Schmelzflocken zubereitet. Im Handel werden neben vielen anderen Hafer-Schmelzflocken, Reisflocken, Weizenflocken oder Dinkelflocken angeboten. Schmelzflocken können mit Milch oder Wasser zu Brei verarbeitet werden. Sie lösen sich in der kochenden Flüssigkeit schnell auf und können anschließend püriert und mit den übrigen Zutaten vermischt werden. Die übrigen Getreideflocken gibt man in die kalte Flüssigkeit, kocht sie unter ständigem Rühren einige Minuten auf und lässt sie dann ca. 10-15 Minuten bei geringer Hitze ausquellen. Bei der Zubereitung von Gemüse- oder Fleischbreien werden die Getreideflocken zusammen mit den Zutaten gekocht und fein püriert.

Für die Zubereitung von Babybreien sollten Sie **Natur- und Vollkornreis** verwenden. Diese Reissorten liefern hochwertiges Eiweiß, Kohlenhydrate, Mineralstoffe und B-Vitamine. Durch Schälen gehen diese wertvollen Inhaltsstoffe verloren. Parboiled Reis wird vor dem Schälen und Polieren in heißem Dampf behandelt. Bei diesem Verfahren bleiben die Inhaltsstoffe weitgehend in den Reiskörnern erhalten. Wegen seiner schleimbildenden Substanzen ist Reis für Babybreie sehr gut geeignet.

Dinkel ist eine der ältesten Getreidearten. Er enthält die ideale Zusammensetzung von Eiweiß, Kohlenhydraten, Fett, Mineralstoffen, Vitaminen und Spurenelementen. Außerdem weisen Dinkelkörner acht essentielle Aminosäuren auf. Dinkel ist besser verträglich als alle anderen Getreidearten.

Kaufen Sie Getreide immer in Vollkornqualität und in nicht zu großen Mengen. Durch die Fettanteile wird Getreide schnell ranzig, durch längere Lagerung gehen wertvolle Inhaltsstoffe verloren. Getreide muss stets dunkel, trocken und kühl aufbewahrt werden. Gut schließbare Vorratsgläser sind hierfür am besten geeignet.

Fett – wichtiges Element in der Babyernährung

In der gesunden Ernährung Ihres Babys spielt Fett eine wichtige Rolle. Viele Vitamine in Nahrungsmitteln werden erst durch die Zugabe von Fett aufgeschlossen. Der Zusatz von hochwertigen Pflanzenölen ist unverzichtbar. Besonders geeignet für die Babynahrung sind z. B. Sonnenblumenöl, Rapsöl, Maiskeim- oder Weizenkeimöl, Sojaöl und Olivenöl. In diesen Pflanzenölen sind lebenswichtige, mehrfach ungesättigte Fettsäuren, besonders die Linol- und Linolensäure, Lecithin, die Vitamine A, D, E und K enthalten, die wichtige Aufgaben im Stoffwechsel erfüllen. Sie liefern dem kindlichen Körper die nötige Energie für das Wachstum.

Pflanzenöle für die Babynahrung sollten nicht kalt gepresst, sondern raffiniert sein, da durch die Raffination Rückstände von chemischen Pflanzenschutzmitteln, Schwermetallen und andere unerwünschte Begleitstoffe entfernt werden. Raffinierte Pflanzenöle sind außerdem geschmacksneutral und länger haltbar.

Butter enthält den Fettbegleitstoff Cholesterin, den der kindliche Körper im 1. Lebensjahr dringend braucht. Pflanzenöl und Butter sollten Sie nur in hochwertiger Qualität kaufen und dunkel und kühl, am besten im Kühlschrank, aufbewahren.

Die Herstellung der Breikost

Fleisch – ein wichtiger Eiweißlieferant

Viele schwören auf vegetarische, fleischlose Kost. In der Babyernährung darf Fleisch jedoch nicht fehlen, da es das Baby mit hochwertigem Eiweiß und mit Proteinen versorgt. Fleisch liefert außerdem Eisen, Zink, Kupfer sowie wichtige Vitamine und Mineralstoffe. Magere Fleischsorten wie Kalb, Pute, Hähnchen oder Rind sollten die Hauptrolle spielen. Aber auch mageres Schweinefleisch oder Lammfleisch sind gut geeignet.

Um die Kochdauer zu verkürzen und dadurch die wertvollen Inhaltsstoffe zu schonen, wird das Fleisch entweder in sehr feine Streifen oder Würfel geschnitten oder durch den Fleischwolf gedreht. Wurst und Schinken gehören im 1. Lebensjahr nicht auf den Speiseplan Ihres Babys, da diese Produkte mit Pökelsalz versetzt und meist stark gewürzt sind. Fleischkauf ist Vertrauenssache, deshalb sollten Sie es nur dort kaufen, wo die kontrollierte, biologische Aufzucht gewährleistet ist.

Milch, Milchprodukte und Eier

Sie haben die Wahl, Babybreie entweder mit Wasser oder mit Milch zuzubereiten. Bei der Verwendung von Milch und Milchprodukten sollten Sie einige Regeln beachten. Kaufen Sie nur frische, pasteurisierte Vollmilch oder H-Milch mit einem Fettgehalt von 3,5 %. Diese Milch enthält hochwertiges Eiweiß, Calcium, Phosphor, Zink, die Vitamine A und B2 sowie Milchzucker und wertvolles Milchfett. Die Milch muss aus kontrollierter, biologischer Produktion stammen. Achten Sie vor allem auch darauf, dass das Haltbarkeitsdatum keinesfalls überschritten wird. Rohmilch oder Milch direkt vom Hof ist für Kleinkinder tabu, da diese Milch trotz strenger Kontrollen Bakterien enthalten und einen unterschiedlichen Fettgehalt aufweisen kann.

Wenn Ihr Baby allergisch auf Milcheiweiß reagiert, haben Sie die Möglichkeit, Naturjogurt oder Biogurt, die die gesunde, rechtsdrehende Milchsäure enthalten, unter den Babybrei zu mischen. Jogurt wird von Babys oft leichter vertragen als Kuhmilch. Fertige Fruchtjogurtzubereitungen sind für Babys nicht empfehlenswert, da sie meist mit künstlichen Zusätzen und Konservierungsstoffen versetzt sind. Quark sollten Sie Ihrem Baby erst nach dem 1. Lebensjahr anbieten, da Kleinkinder beim Genuss von Quark häufig allergisch reagieren.

Eier rufen bei Babys manchmal Nahrungsmittelallergien hervor. Besonders im Eiweiß sind stark allergen wirkende Eiweißstoffe zu finden. Erst gegen Ende des 1. Lebensjahres sollten Sie Ihrem Baby etwas gekochtes Eigelb anbieten. Reagiert Ihr Baby allergisch auf Hühnereier, so streichen Sie Hähnchenfleisch und industriell hergestellte, hühnereihaltige Produkte vom Speisezettel.

Würzen – ja oder nein?

Das Geschmacksempfinden von Babys ist sehr ausgeprägt. Deshalb ist es nicht notwendig, Babybreie zusätzlich zu würzen. Scharfe Gewürze wie Pfeffer, Paprika oder Curry dürfen nicht verwendet werden. Wenn Sie den Brei abrunden wollen, dann nehmen Sie 1 Prise gemahlenen Anis, Fenchel oder Zimt. Auf die Zugabe von Zucker sollten Sie möglichst verzichten, Sie können jedoch etwas Milchzucker als Alternative einsetzen.

Während des 1. Lebensjahres müssen Babybreie nicht zusätzlich mit Salz abgeschmeckt werden, da nicht nur die Muttermilch, sondern auch alle natürlichen Nahrungsmitteln und Mineralwasser Salz in geringen Spuren enthalten. Jede weitere Zugabe von Kochsalz belastet den Organismus Ihres Babys und kann zu Störungen im Stoffwechselsystem führen.

Beim Würzen von Babybreien sind Küchenkräuter eine gesunde Abwechslung. Petersilie, Dill, Fenchelgrün, Basilikum oder Schnittlauch liefern Vitamine und Mineralstoffe und verfeinern den Geschmack des Breies. Küchenkräuter können Sie im eigenen Garten oder auf der Fensterbank selbst ziehen. Der Handel bietet sie ganzjährig in Töpfchen an, so dass die Kräuter immer frisch zur Hand sind. Schneiden Sie die Kräuter nach dem Verlesen und Waschen sehr fein und geben Sie sie erst zum Schluss zum Brei. Dosieren Sie die Kräutermenge aber sparsam, damit sich Ihr Baby an das Aroma gewöhnen kann. Frische Küchenkräuter behalten ihr Aroma und die Inhaltsstoffe, wenn man sie einfriert.

Honig ist für Babys im 1. Lebensjahr nicht empfehlenswert. Es besteht die Gefahr von allergischen Reaktionen und bakteriellen Risiken. Selbst bei sorgfältiger Herstellung ist nicht auszuschließen, dass im Honig Botulismus-Bakterien vorhanden sind, die schädlich für Ihr Baby sind. Ab dem 1. Lebensjahr hat sich die Darmflora stabilisiert, und Sie können kleine Mengen Honig zum Süßen verwenden.

Trink- oder Mineralwasser

Wasser ist für Groß und Klein lebensnotwendig. Gerade bei der Zubereitung von Babynahrung stellt sich die Frage – was ist besser für das Kind?

Leitungwasser ist in den meisten Regionen Deutschlands von sehr guter Qualität und kann unbedenklich verwendet werden. Erkundigen Sie sich jedoch beim örtlichen Wasserwerk oder bei Ihrer Gemeinde über die Trinkwasserqualität. Ergibt die Wasseranalyse, dass der Nitratgehalt unter 50 mg pro Liter, besser noch unter 20 mg pro Liter liegt, kann das Leitungwasser ohne Bedenken für die Babynahrung verwendet werden.

Überprüfen Sie auch, welche Rohrleitungen im Haus Ihr Wasser transportieren, denn Kupfer- und Bleirohre geben Schadstoffe an das Wasser ab. In diesem Fall ist Mineralwasser die bessere Alternative.

Lassen Sie das Leitungswasser vor dem Gebrauch mindestens 1 Minute laufen und kochen Sie es anschließend immer ab, um eventuelle Keime abzutöten. Das geht am schnellsten und mit wenig Energie in einem elektrischen Wasserkocher.

Beim Kauf von Mineralwasser sollten Sie darauf achten, dass auf dem Etikett der Vermerk steht "geeignet für die Zubereitung von Säuglingsnahrung". Es ist somit garantiert, dass folgende Grenzwerte pro Liter nicht überschritten werden: 20 mg Natrium, 10 mg Nitrat, 0,02 mg Nitrit, 1,5 mg Fluorid, 240 mg Sulfat, 0,2 mg Mangan.

Die Herstellung der Breikost

Die wichtigsten Nährstoffe in Lebensmitteln

Vitamine
Sie gehören zu den Reglerstoffen im menschlichen Organismus, sind lebensnotwendig und schon in geringen Mengen wirksam. Vitamine können vom menschlichen Körper nicht selbst gebildet, sondern müssen mit der Nahrung zugeführt werden. Man unterscheidet zwischen wasser- und fettlöslichen Vitaminen. Überschüssige, fettlösliche Vitamine wie z. B. A, D, E und K werden vom Körper gespeichert. Überschüssige, wasserlösliche Vitamine scheidet der Körper aus.

Vitamin A (Retinol) und Carotin, eine Vorstufe von Vitamin A, ist für die Bildung von Immunglobulin A und den Aufbau von Haut und Schleimhäuten sowie für das kindliche Wachstum und die Regeneration der Augen notwendig. Karotten, Grünkohl, Fenchel, Tomaten und Aprikosen sind Vitamin-A-Träger. Es ist außerdem in Butter, Sahne, Milch, Eigelb, Mais, Weizen und Fisch vorhanden. Vitamin A und seine Vorstufen werden nur in Verbindung mit Nahrungsfett aufgenommen, es ist deshalb wichtig, bei der Zubereitung von karotinhaltigen, pflanzlichen Lebensmitteln immer eine geringe Menge Fett hinzuzufügen.

Vitamin D besteht aus mehreren fettlöslichen Wirkstoffen. Es ist wichtig für die Festigung der Knochen. Bekommen Kinder zu wenig Vitamin D, so kann eine mangelnde Knochenverhärtung (Rachitis) und die Verbiegung der Knochen die Folge sein. Vitamin D ist in Muttermilch und Säuglingsanfangsnahrung nur in geringen Mengen vorhanden. Es wird hauptsächlich unter Sonneneinstrahlung unter der Haut gebildet. Babys erhalten die benötigte Vitamin-D-Menge in Form von Tabletten verabreicht. Der Bedarf größerer Kinder an Vitamin D kann durch Sahne, Käse, Fisch, Eigelb oder Pilze gedeckt werden. Nur ein geringer Prozentsatz der Vitamin-D-Versorgung wird über die Nahrungsaufnahme gedeckt, das meiste Vitamin D wird unter dem Einfluss von Sonnenlicht gebildet.

Vitamin E (Tocopherol) zählt zur Gruppe der fettlöslichen Vitamine. Es ist unverzichtbar für den Fettstoffwechsel. Es schützt die ungesättigten Fettsäuren vor Zerstörung. Der Vitamin E-Bedarf von Babys wird durch Muttermilch oder Säuglingsnahrung weitgehend gedeckt. Kalt gepresste Pflanzenöle, Himbeeren, Brombeeren, Johannisbeeren, Lauch, Milch, Eier, Schwarzwurzeln, Rosenkohl und Wirsing enthalten Vitamin E.

Vitamin K (Phyllochinon) besteht aus einer Reihe von fettlöslichen Verbindungen. Die wichtigsten sind Vitamin K1, das in Pflanzen vorkommt, und K2, das von Bakterien gebildet wird. Vitamin K benötigt der Körper für die Blutgerinnung. Das Baby wird bereits mit geringen Spuren dieses Vitamins geboren. Beim Trinken von Milch wird es durch Darmbakterien gebildet. Getreide, Blumenkohl, Spinat, Milchprodukte, Eier, Fleisch und Fisch decken den Vitamin-K-Bedarf zusätzlich.

Die Nährstoffe

Die B-Vitamine nimmt das Baby bereits durch die Muttermilch und später durch die Säuglingsnahrung auf. Sie sind wie folgt eingeteilt:

Vitamin B1 (Thiamin) ist wasserlöslich und kommt in geringen Mengen in vielen Lebensmitteln vor. Es liefert die Energie für den Kohlenhydratstoffwechsel und spielt eine wichtige Rolle für das Nervensystem. Durch den häufigen Verzehr von zuckerhaltigen Nahrungsmitteln, Süßigkeiten, weißem Reis und Produkten aus Weißmehl kann es zu Vitamin B1-Mangel kommen. Haferflocken, Weizenkeime, ungeschälter Reis, Sojabohnen, Sonnenblumenkerne, Erbsen, Mais, Kartoffeln, Fleisch und Fisch sind gute Vitamin B1-Lieferanten.

Das wasserlösliche **Vitamin B2** (Riboflavin), ein Enzymbestandteil, wird ebenfalls für den Kohlenhydrat-, Eiweiß- und Fettstoffwechsel benötigt. Es ist wichtig für Haut, Schleimhäute und Augen. In Brokkoli, Erbsen, Champignons, Spinat, Petersilie, Kartoffeln, Vollkornprodukten, Haferflocken, Milch und Milchprodukten, Eiern, Geflügel und Fleisch ist Vitamin B1 enthalten.

Vitamin B 6 ist wasserlöslich, es besteht aus den drei wirkungsgleichen Verbindungen Pyridoxin, Pyridoxal und Pyrodoxamin. Es ist ein wichtiger Bestandteil von Enzymen, die für den Auf- und Umbau von Proteinen notwendig sind. Vitamin B 6 wird für den Eiweißstoffwechsel, die Blutbildung, die Bildung von Gallensäuren, für Wachstumsprozesse, die Immunabwehr und das Nervensystem benötigt. Es findet sich u. a. in Hähnchen- und Putenfleisch, Kalbfleisch, Fisch, ungeschältem Reis, Lauch, Blumenkohl, Brokkoli, Erbsen, Kartoffeln, Kohlrabi, Karotten, Milch und Milchprodukten, Haferflocken und Bananen.

Niacin (Nicotinsäureamid, Nicotinsäure) ist wasserlöslich und als Enzymbestandteil bei Stoffwechselprozessen für die Energiegewinnung mit verantwortlich. Niacin wirkt beim Auf- und Umbau von Fetten und Proteinen mit. Es kommt in Vollkornbrot, Eiern, Geflügel, Fisch, Milch und Gemüse vor.

Folsäure besteht aus mehreren wasserlöslichen Verbindungen, die sich chemisch ähnlich sind und die gleiche Wirkung aufweisen. Folsäure wird in Verbindung mit Vitamin B12 für die Bildung der roten Blutkörperchen und die Zellteilung benötigt. Folsäure findet sich in Bananen, Melonen, Erdbeeren, Zitrusfrüchten, Spargel, Rote Bete, Brokkoli, Chinakohl, Weizenkeimen, Sojabohnen, Leber und Eiern. Folsäure ist sehr hitzeempfindlich, langes Warmhalten von gekochten Speisen kann zu großen Folsäureverlusten führen.

Biotin ist wasserlöslich und zählt zu den B-Vitaminen. Es wird für den Kohlenhydrat- und Fettstoffwechsel, geregeltes Wachstum sowie für gesunde Haut und Haare benötigt. Es wird durch Darmbakterien gebildet. Der Bedarf kann u. a. durch Fleisch, Leber,

Fisch, Vollkornprodukte, Milch, Eier, Sojabohnen, Pilze, Bananen, Äpfel, Pfirsiche und Nüsse gedeckt werden.

Das wasserlösliche **Vitamin C,** das wohl bekannteste Vitamin, stärkt die Abwehrkräfte, es ist wichtig für die Bildung von Knochen, Knorpeln, Zähnen und Bindegewebe. Die Eisenaufnahme und Wundheilung wird durch Vitamin C gefördert. Ernährt sich die Mutter mit ausreichend Vitamin-C-haltigen Nahrungsmitteln, bekommt der Säugling genügend Vitamin C über die Muttermilch. Babybreie können durch Obst und Gemüse, wie z. B. Zitrusfrüchte, Kiwi, Johannisbeeren, Sanddorn, Kohlrabi, Kohl oder Fenchel mit Vitamin C angereichert werden. Vitamin C ist sehr empfindlich gegenüber Licht, Sauerstoff und Hitze. Bei zu langer Lagerung von Vitamin-C-haltigen Lebensmitteln, besonders bei Grüngemüse, werden Stoffe frei gesetzt, die das Vitamin C abbauen.

Die Nährstoffe

Mineralstoffe und Spurenelemente sind lebensnotwendige Bausteine in der Ernährung. Sie sind wichtig für den Knochenaufbau, für Zähne und Gewebe und sorgen für einen reibungslosen Stoffwechsel. Da der menschliche Organismus Mineralstoffe und Spurenelemente nicht selbst produzieren kann, müssen sie durch die Nahrung aufgenommen werden. Calcium, Eisen, Kalium, Jod, Magnesium und Natrium zählen zu den wichtigsten Mineralstoffen. Sie sind in frischen Lebensmitteln, z. B. Milchprodukten, Fleisch, Fisch, Butter, Gemüse und Pflanzenölen, enthalten. Kupfer, Selen, Silicium, Zink und Chrom gehören zu den wichtigsten Spurenelementen.

Kalium wird im Innern der Körperzellen gebildet und spielt eine wichtige Rolle bei der Regulierung des Wasserhaushaltes, der Muskeltätigkeit und der Weiterleitung von Reizen. Kalium ist in den Verdauungssäften des Magen-Darm-Traktes vorhanden. Besonders viel Kalium weisen Hähnchenfleisch, Sojabohnen, Kartoffeln, Fisch, Schweinefleisch, Leber, Kohlrabi, Blumenkohl, Orangen, Bananen, Beerenobst, Getreide, Milch und Milchprodukte auf.

Die Nährstoffe

Calcium und Phosphor sind wichtige Aufbauminerale und unerlässlich für das Immunsystem, die Bildung fester Knochen und gesunder Zähne, Calcium hilft zudem bei Hautallergien. Calcium und Phosphor bewirken während der Wachstumsphase, dass die Knochen eine hohe Dichte erhalten. Calcium wird vom Körper am besten in Verbindung mit Vitamin D, Eiweiß, Milch und Zitronensäure aufgenommen. Calcium kommt in Brokkoli, Kohlrabi, Lauch, Spinat, Sojabohnen, Käse, Milch und Milchprodukten und Mineralwasser vor. Phosphor ist in Kartoffeln, Getreide, Haferflocken, Hirse, Käse, Milch und Milchprodukten, Tomaten, Karotten, Kohlrabi, Kopfsalat, Aprikosen, Himbeeren, Johannisbeeren, Fleisch und Fisch enthalten.

Magnesium braucht der Körper für den Aufbau von Knochen und Sehnen, für die Reizübertragung von Nerven auf die Muskeln. Es ist Bestandteil wichtiger Enzyme, die für die Energiegewinnung zuständig sind, und hemmt die Blutgerinnung. Magnesium ist u. a. in Hähnchenfleisch, Sojabohnen, ungeschältem Reis, Hirse, Haferflocken, Kartoffeln, Fisch, Gemüse, Beerenobst, Milch und Milchprodukten enthalten.

Eisen nimmt Ihr Baby schon im Mutterleib auf. Es ist der Baustein für den roten Blutfarbstoff und wird bei vielen Stoffwechselprozessen, z. B. beim Aufbau des Gehirns, benötigt. Eisen stärkt die körpereigenen Abwehrkräfte und fördert die Widerstandsfähigkeit gegen Krankheiten. Eisen wird aus pflanzlichen Lebensmitteln schlechter aufgenommen als aus tierischen, deshalb sollten pflanzliche und tierische Lebensmittel stets kombiniert werden, auch Zitronensäure und Vitamin C erhöhen die Eisenaufnahme. Zu den besten Eisenlieferanten zählen Geflügel-, Rind-, Kalb- und Schweinefleisch, Innereien, Fisch, Kartoffeln, Karotten, Spinat, Lauch, Blumenkohl, Erbsen, Bananen, Äpfel, Pflaumen, Birnen, Milch und Milchprodukte, Vollkorngetreide und Roggenbrot.

Cholesterin ist eine fetthaltige Substanz, die in vielen tierischen Lebensmitteln vorhanden ist. Der menschliche Körper bildet selbst Cholesterin, meist in größeren Mengen als mit der Nahrung aufgenommen wird. Cholesterin ist kein Energielieferant, sondern bildet eine Bausubstanz für die Schutzhülle von Körperzellen. Es baut Vitamin D, Hormone sowie die für die Fettverdauung wichtigen Gallensäuren auf.

Kohlenhydrate sind Energielieferanten und dienen als Brennstoffe. Sie werden unterteilt in schwer lösliche Kohlenhydrate wie z. B. Stärke und Ballaststoffe und leicht lösliche Kohlenhydrate wie z. B. Zucker. Sie bestehen aus den Bausteinen Glukose (Traubenzucker), Fruktose (Fruchtzucker) und Galaktose.
Das erste Kohlenhydrat, das Ihr Baby schon mit der Muttermilch bekommt, ist Laktose (Milchzucker). Sie ist unverzichtbar für die Entwicklung des Gehirns und des zentralen Nervensystems. Laktose baut außerdem durch das Wachstum der Bifidusbakterien die Darmflora auf und sorgt so für die beste Verwertung von Mineralstoffen. Durch die Darmbakterien wird ein Teil der Laktose in Milchsäure umgewandelt, die Fäulnisprozesse im Darm verhindert. Laktose begünstigt außerdem die Aufnahme von Calcium.

Die Nährstoffe

In der Muttermilch sind fast doppelt so viel Laktose und erheblich weniger Salz und Mineralstoffe enthalten wie in der Kuhmilch. Bei der Ernährung Ihres Babys mit Breikost spielen Kohlenhydrate eine wichtige Rolle. Sie sind reichlich vorhanden in klebereiweißfreien (glutenfreien) Getreideflocken, Reis und Kartoffeln. Dinkel, Hafer und Weizen enthalten Klebereiweiß, sie kann das Baby etwa ab dem 7. Monat gut verdauen. Getreideflocken erhalten Sie im Naturkostladen oder im Reformhaus als Trockenprodukte. Achten Sie jedoch darauf, dass keine Zusätze wie Honig oder Datteln darin enthalten sind.

Zu den kohlenhydratreichsten Lebensmitteln zählen unpolierter Reis, Vollkornmehle, Mais, Haferflocken, Vollkornbrot, Kartoffeln, Bananen, Birnen, Orangen und Pflaumen.

Ballaststoffe sind Bestandteile von pflanzlichen Lebensmitteln. Durch ihre Fähigkeit, Wasser zu binden, bewirken Ballaststoffe eine gute Magenfüllung und verstärken das Sättigungsgefühl. Im Darm quellen sie auf und vergrößern so das Volumen des Darminhaltes. Dadurch wird die Darmmuskulatur angeregt und die Verdauung gefördert. Wichtig für ballaststoffreiche Ernährung ist, dass sie mit viel Flüssigkeit kombiniert wird. Lassen Sie deshalb Ihr Baby zur Breikost immer genügend trinken.

Viele wertvolle Ballaststoffe sind enthalten u. a. in Sojabohnen, Grünkern, Roggen, Gerste, Hafer, Hirse, Dinkel, grüne Erbsen, Kartoffeln, Karotten, Blumenkohl, Lauch, Kohlrabi, Bananen, Äpfel, Orangen, Johannisbeeren, Himbeeren, Kirschen, Erdbeeren, Brombeeren, Vollkornmehl und Vollkornbrot.

Eiweiß, auch Protein genannt, dient dem Körper zum Aufbau von Zellen, Muskeln und Organen sowie zur Stärkung des Immunsystems. Proteine bestehen aus 22 verschiedenen Aminosäuren, die zum Aufbau und Umbau von körpereigenen Proteinen und Enzymen benötigt werden. Der Säugling erhält diese Aminosäuren mit der Muttermilch. Nach der Stillzeit werden sie über die Folgenahrung aufgenommen. Die Versorgung des Babys mit tierischen Proteinen sollte nicht zu früh einsetzen, da diese körperfremden Stoffe zu allergischen Reaktionen führen können.

Pflanzliches Eiweiß ist reichlich vorhanden in Sojabohnen, Weizen, Gerste, Hafer, Roggen, Dinkel, Mais, Reis, Linsen, Kartoffeln, Sonnenblumenkernen und Nüssen. Tierisches, hochwertiges Eiweiß liefern Rindfleisch, Hähnchen- und Putenfleisch, Schweinefleisch, Fisch, Leber, Milch und Milchprodukte.

Die Nährstoffe

Küchengeräte in der Babyküche

Der **Pürierstab** ist das wichtigste Elektrogerät in der Babyküche. Mit ihm werden Obst, Gemüse, Getreide und Fleisch sehr fein oder etwas gröber püriert. Er passt in hohe Töpfe und Schüsseln und zerkleinert Lebensmittel sehr schnell und schonend.

Die **Gemüsereibe** sollte aus Glas oder Plastik gefertigt sein. Auf ihr werden Äpfel, Birnen oder Karotten fein oder grob geraspelt. Gerade für kleine Mengen ist die Gemüsereibe ideal.

Der **Mixaufsatz** der Küchenmaschine ist praktisch, wenn Sie Babybreie auf Vorrat, d. h. in größeren Mengen, zubereiten. Er zerkleinert in kürzester Zeit mühelos Obst, Gemüse oder Fleisch.

Mit einer **Getreidemühle** können Sie Getreidekörner portionsweise zu feinem Mehl vermahlen. Ganze Körner sind haltbarer und sie bewahren ihre wertvollen Inhaltsstoffe länger als Mehl. Die Anschaffung einer Getreidemühle lohnt sich aber nur, wenn sich die ganze Familie vollwertig ernährt. Frisch gemahlenes Getreide erhalten Sie in ausgezeichneter Qualität im Naturkost- oder Bioladen.

Mit einem elektrischen **Entsafter** können Sie Gemüse- oder Obstsäfte schnell und einfach selbst herstellen.

Eine genaue **Küchenwaage** ist unentbehrlich in der Babyküche. Um die oft sehr kleinen Mengen genau abwiegen zu können, ist eine Digitalwaage wegen ihrer hohen Messgenauigkeit am besten geeignet.

Küchengeräte

Kochtöpfe sollten aus Edelstahl oder Emaille und von schwerer Qualität sein, um energiesparend zu kochen. Wenn der Topf einen Siebeinsatz besitzt, können Gemüse und Kartoffeln besonders nährstoffschonend zubereitet werden. Der Topf wird mit wenig Wasser gefüllt und die Lebensmittel im Wasserdampf gegart.

Der **Schnellkochtopf** ist für das Garen von Fleisch, Kartoffeln und Gemüse geeignet. Allerdings lohnt er sich nur, wenn größere Mengen gekocht werden. Durch den hohen Dampfdruck wird die Gartemperatur erhöht und die Garzeit erheblich verkürzt, Vitamine und Nährstoffe bleiben erhalten.

Schneidebrettchen und Rührlöffel aus Plastik sind hygienischer als solche aus Holz, da sich auf ihrer geschlossene Oberfläche keine Keime und Bakterien ansetzen können. In der Spülmaschine sind sie leicht zu reinigen. Wenn Sie Holzbrettchen oder -löffel verwenden, müssen diese, nach dem gründlichen Spülen in heißem Wasser, an der Luft getrocknet werden.

Der **Gefrierschrank** oder das **Gefrierfach** des Kühlschrankes sind unverzichtbar, wenn Sie Babybreie kochen. Der Arbeitsaufwand und der Energieverbrauch verringern sich erheblich, wenn Sie mehrere Portionen auf einmal zubereiten. Sie können außerdem das Obst- und Gemüseangebot der Saison ausnutzen und haben so auch in den Wintermonaten stets gesunde Kost vorrätig.

Nach dem Kochen des Breies teilen Sie die Menge in nicht zu große Portionen ein. Lassen Sie sie im Kühlschrank oder in einer Schüssel mit Eiswasser schnell erkalten und füllen Sie die Portionen in kleine Koch-Gefrierbeutel, die auch zum anschließenden Erhitzen geeignet sind. Beschriften Sie die Beutel, damit Sie später noch wissen, was sie enthalten. Nach dem luftdichten Verschließen werden die Breiportionen sofort schockgefrostet, damit die Vitamine nicht verloren gehen und sich keine Keime entwickeln können.

Als Alternative zu den Gefrierbeuteln finden Sie im Handel kleine Plastik-Gefrierdosen. Sie sind in der Anschaffung teurer, lassen sich in der Gefriertruhe aber besser stapeln. Die Dosen können im Wasserbad erhitzt werden.

Gefrorene Speisen sind zwar relativ lange haltbar, allerdings sollten Sie Babybreie trotzdem in kurzer Zeit aufbrauchen. Damit sich die kleinen Portionen in der Gefriertruhe nicht "verirren", sollten Sie sie in einem der Gefrierkörbe separat aufbewahren. Auf diese Weise haben Sie immer einen Überblick über die noch vorhandenen Gerichte.

Als Alternative zum Tiefgefrieren können Sie Babybreie auch durch Sterilisieren haltbar machen. Dazu füllen Sie die gekochten, pürierten Breiportionen in kleine, mit kochendem Wasser ausgespülte Gläschen und stellen die offenen Gläschen in Eiswasser, damit sie schnell erkalten. Nun verschließen Sie sie mit Twist-off-Deckeln und stellen sie in einen Einwecktopf oder einen großen Topf. Gießen Sie so viel kaltes Wasser an, bis die Gläschen zur Hälfte im Wasser stehen. Nun wird das Wasser erhitzt, sobald die Wassertemperatur von ca. 85 °C erreicht ist, werden die Gläschen 25 Minuten eingekocht. Nach dem Erkalten können die Gläschen kühl und dunkel aufbewahrt werden.

Beachten Sie unbedingt folgende Regeln bei der Zubereitung von Babynahrung:

Achten Sie darauf, dass die Küchengeräte und die Arbeitsfläche absolut sauber sind. Besonders wenn Sie rohes Fleisch verarbeiten, ist Sauberkeit das oberste Gebot, damit sich Salmonellen und Keime nicht ausbreiten und das Baby gefährden. Bevor Sie andere Lebensmittel berühren, waschen Sie die Hände mit heißem Wasser und Seife.

Bewahren Sie einen vorbereiteten Brei immer im Kühlschrank auf.

Wärmen Sie niemals Reste für das Baby auf, da sich durch längeres Stehen Bakterien und Keime entwickeln, die für das Baby gesundheitsschädlich sind.

Tiefgekühlte und aufgetaute Breie müssen sofort verzehrt und dürfen nicht wieder eingefroren werden.

Küchengeräte

Kindergrießbrei

8. Monat

Für 4 und **für 1 Portion:** 80 g Kindergrieß (20 g)
800 ml pasteurisierte Vollmilch (Fertigprodukt)
(3,5 % Fett) oder Säuglingsmilch 4 TL Maiskeimöl (1 TL)
(Fertigprodukt) (200 ml)

Die Vollmilch einmal aufkochen lassen, die Säuglingsmilch nach Packungsanweisung zubereiten. Den Kindergrieß und das Maiskeimöl in die Milch einrühren. Den Kindergrießbrei erkalten lassen, 1 Portion sofort servieren, die restlichen Portionen in Gefrierschälchen füllen und frosten.

Hirsebrei

6. Monat

Für 4 und **für 1 Portion:** 80 g Hirseflocken (20 g)
800 ml pasteurisierte Vollmilch 4 EL Karottensaft (1 EL)
(3,5 % Fett) oder Säuglingsmilch
(Fertigprodukt) (200 ml)

Die Vollmilch einmal aufkochen lassen, die Säuglingsmilch nach Packungsanweisung zubereiten. Die Hirseflocken und den Karottensaft in die Milch einrühren. Den Hirsebrei erkalten lassen, 1 Portion sofort servieren, die restlichen Portionen in Gefrierschälchen füllen und frosten.

Haferbrei

7. Monat

Für 4 und **für 1 Portion:** 80 g zarte Haferflocken (20 g)
800 ml pasteurisierte Vollmilch 4 TL Maiskeimöl (1 TL)
(3,5 % Fett) oder Säuglingsmilch
(Fertigprodukt) (200 ml)

Die Vollmilch einmal aufkochen lassen, die Säuglingsmilch nach Packungsanweisung zubereiten. Die Haferflocken und das Maiskeimöl in die Milch einrühren. Den Haferbrei pürieren und erkalten lassen, 1 Portion sofort servieren, die restlichen Portionen in Gefrierschälchen füllen und frosten.

Getreidebreie

Getreidebreie

Getreidebrei mit Gemüse   10. Monat

Für 4 und **für 1 Portion:**   400 g Gemüse (Karotte,
80 g Vollkorn-Getreideflocken (20 g)   Blumenkohl, Kohlrabi) (100 g)
360 ml Wasser (80 ml)   20 g Butter (1/2 TL)

Die Vollkorn-Getreideflocken mit dem kalten Wasser in einen Topf geben, unter ständigem Rühren zum Kochen bringen. Das Gemüse schälen, fein würfeln, zum Getreide geben und 6-8 Minuten köcheln lassen. Den Brei vom Herd nehmen, die Butter einrühren und mit dem Pürierstab grob pürieren. 1 Portion sofort servieren, die restlichen Portionen im Kühlschrank erkalten lassen, in mit kochendem Wasser ausgespülte Gläschen füllen, mit Twist-off-Deckeln verschließen und im Wasserbad ca. 20 Minuten einkochen.

Tipp:
Den Getreidebrei können Sie mit vielen Gemüsesorten der Saison wie z. B. Zucchini, Brokkoli, Spargel, Sellerie oder Topinambur zubereiten. Zum Verfeinern und Abrunden des Geschmacks stehen gehackte Kräuter wie z. B. Petersilie, Basilikum, Thymian, Schnittlauch oder Estragon zur Verfügung.

Getreidebrei mit Obst   10. Monat

Für 4 und **für 1 Portion:**   400 g weiches Obst (Banane,
80 g Vollkorn-Getreideflocken (20 g)   Birne, Pfirsich) (100 g)
360 ml Wasser (80 ml)   20 g Butter (1/2 TL)

Die Vollkorn-Getreideflocken mit dem kalten Wasser in einen Topf geben, unter ständigem Rühren zum Kochen bringen und ca. 5 Minuten köcheln lassen. Das Obst schälen, entkernen, fein würfeln, zum Brei geben und ca. 2 Minuten köcheln lassen. Den Brei vom Herd nehmen, die Butter einrühren und mit dem Pürierstab grob pürieren.
1 Portion sofort servieren, die restlichen Portionen im Kühlschrank erkalten lassen, in Gefrierschälchen füllen und frosten.

Tipp:
Zum Verfeinern des Getreidebreies können Sie verschiedene Obstsorten der Saison verwenden. Sehr gut eignen sich z. B. Mango, Melonen, Äpfel, Mirabellen, Süßkirschen oder Heidelbeeren.

Getreidebreie

Getreidebreie

Apfel-Reis-Brei — 10. Monat

Für 4 und	für 1 Portion:
400 ml Mineralwasser	(100 ml)
40 g feine Reisflocken	(10 g)
1 EL Butter	(1/2 TL)
2 Äpfel oder 200 g ungesüßtes Apfelmus	(50 g)
1 Prise Zimtpulver	

Das Mineralwasser in einem Topf aufkochen, leicht abkühlen lassen und mit den Reisflocken verrühren. Die Butter untermischen.
Den Apfel waschen, schälen, entkernen, fein raspeln oder mit dem Pürierstab grob pürieren und unter den Reisbrei rühren.
Den Apfel-Reis-Brei mit Zimt abschmecken, abkühlen lassen und 1 Portion sofort servieren. Die restlichen Portionen im Kühlschrank vollständig erkalten lassen, in Gefrierbeutel füllen und frosten.

Waffelbrei mit Aprikosen — 10. Monat

Für 4 und	für 1 Portion:
12 Reiswaffeln (ungesalzen)	(3 Stück)
400 ml kochendes Wasser	(100 ml)
4 TL Sahne	(1 TL)
100 g Aprikosen	(25 g)
100 g Apfel	(25 g)
1 Prise Zimt	

Die Reiswaffeln fein zerbröseln und in eine Schüssel geben. Das kochende Wasser darüber gießen und die Sahne einrühren. Das Obst waschen, die Aprikosen und den geschälten Apfel entkernen und fein würfeln.
Die Aprikosen- und Apfelwürfel zum Brei geben und mit dem Pürierstab grob pürieren. Mit Zimt abschmecken. 1 Portion Waffelbrei sofort servieren, die restlichen Portionen in Gefrierschälchen füllen und frosten.

Getreidebreie

Apfel-Reisflocken-Brei 8. Monat

Für 4 und   **für 1 Portion:**
400 ml pasteurisierte Vollmilch
(3,5 % Fett) oder Säuglingsmilch
(Fertigprodukt)   **(100 ml)**

80 g Reisflocken   **(20 g)**
100 g süße Äpfel   **(30 g)**
4 EL Karottensaft   **(1 EL)**
1 Prise gemahlener Anis

Die Milch in einem Topf aufkochen lassen. Die Reisflocken in eine Schüssel geben, mit der Milch übergießen und verrühren. Die Äpfel waschen, schälen, entkernen, sehr fein reiben, mit dem Karottensaft unter den Reisbrei rühren. Den Apfelbrei mit Anis abschmecken, abkühlen lassen und 1 Portion sofort servieren. Die restlichen Portionen im Kühlschrank vollständig erkalten lassen, in Gefrierbeutel füllen und frosten.

Reis-Bananen-Brei 8. Monat

Für 4 und   **für 1 Portion:**
8 EL Rundkornreis   **(2 EL)**
1 l Wasser   **(250 ml)**
400 ml pasteurisierte Vollmilch
(3,5 % Fett) oder Säuglingsmilch
(Fertigprodukt)   **(100 ml)**

1 EL Weizenkeimöl   **(1/2 TL)**
200 g Bananen   **(50 g)**

Den Rundkornreis unter fließendem Wasser waschen, mit dem Wasser in einen Topf geben, zum Kochen bringen und ca. 20 Minuten bei schwacher Hitze ausquellen lassen. Den Reis abgießen, mit der kochenden Milch in einen Topf geben, mit dem Pürierstab pürieren und das Weizenkeimöl unterrühren
Die Bananen schälen, mit einer Gabel fein zerdrücken und unter den Reisbrei mischen. Den Reis-Bananen-Brei erkalten lassen, 1 Portion sofort servieren. Die restlichen Portionen in Gefrierbeutel füllen und frosten.

Getreidebreie

Getreidebreie

Grießbrei mit Birne 6. Monat

Für 4 und   **für 1 Portion:**
100 g Weichweizengrieß   (25 g)
400 ml pasteurisierte Vollmilch
(3,5 % Fett) oder H-Milch   (100 ml)
100 g Birnen   (25 g)
100 g Melonenfruchtfleisch   (25 g)

Den Weichweizengrieß in die kalte Milch einstreuen und unter ständigem Rühren zu einem Grießbrei kochen.
Die Birnen schälen, entkernen, mit dem Melonenfruchtfleisch pürieren oder mit einer Gabel zerdrücken.
Den Grießbrei vom Herd nehmen, abkühlen lassen, das Melonenmus untermischen.
1 Portion Grießbrei sofort servieren, die restlichen Portionen im Kühlschrank vollständig erkalten lassen, in Gefrierschälchen füllen und frosten.

Tipp:
Anstelle von Melonen können Sie selbstverständlich auch andere weiche Obstsorten, z. B. Pfirsich, Mango, Birne oder Banane, verwenden.

Aprikosen-Grießbrei 6. Monat

Für 4 und   **für 1 Portion:**
100 g Aprikosen   (25 g)
800 ml Wasser   (200 ml)
1 EL Butter   (1/2 TL)
8 EL Weizenvollkorngrieß   (2 EL)
2 EL Sahne   (1 TL)

Die Aprikosen waschen, entkernen, mit 100 ml Wasser in einen Topf geben und etwa 5 Minuten dünsten. Anschließend mit dem Pürierstab pürieren. 700 ml Wasser mit der Butter in einen Topf geben und zum Kochen bringen.
Den Grieß mit dem Schneebesen einrühren und bei schwacher Hitze unter ständigen Rühren 2-3 Minuten köcheln lassen.
Den Grießbrei vom Herd nehmen, das Aprikosenpüree und die Sahne einrühren und erkalten lassen. 1 Portion Aprikosen-Grießbrei sofort servieren. Die restlichen Portionen in Gefrierbeutel füllen und frosten.

Getreidebreie

Getreidebreie

44

Dinkel-Obst-Brei 7. Monat

Für 4 und   **für 1 Portion:**
800 ml kaltes Wasser oder
Mineralwasser   (200 ml)
120 g sehr fein gemahlene
Dinkelflocken   (30 g)

100 g Birne   (25 g)
100 g Apfel   (25 g)
100 g Pfirsich   (25 g)
2 EL Naturjogurt (3,5 % Fett)   (20 g)

Das Wasser mit den Dinkelflocken in einen Topf geben, bei schwacher Hitze zum Kochen bringen und unter ständigem Rühren 1 Minute kochen. Anschließend vom Herd nehmen und 5 Minuten ausquellen lassen.
Die Birne, den Apfel und den Pfirsich schälen, entkernen, in feine Würfel schneiden, zum Dinkelbrei geben und mit dem Pürierstab pürieren. Den Naturjogurt unterrühren und 1 Portion Dinkel-Obst-Brei sofort servieren.
Die restlichen Portionen im Kühlschrank vollständig erkalten lassen, in Gefrierbeutel füllen und frosten.

Haferflocken-Obst-Brei 7.–9. Monat

Für 4 und   **für 1 Portion:**
100 g Vollkorn-Haferflocken   (20 g)
360 ml Wasser   (90 ml)
1 TL Butter   (5 g)

400 g gemischtes Obst
(z. B. Banane, Melone, Pfirsich, Aprikose)   (100 g)

Die Vollkorn-Haferflocken mit dem kalten Wasser in einen Topf geben, zum Kochen bringen und unter ständigem Rühren ca. 3 Minuten köcheln lassen.
Den Brei vom Herd nehmen, leicht abkühlen lassen und die Butter einrühren. Das Obst schälen, die Melone, den Pfirsich und die Aprikose entkernen, das Obst in kleine Würfel schneiden.
Den Haferflocken-Brei mit dem Obst vermischen, mit dem Pürierstab pürieren.
1 Portion sofort servieren. Die restlichen Portionen im Kühlschrank vollständig erkalten lassen, in Gefrierschälchen füllen und frosten.

Getreidebreie

Zwieback-Birnen-Brei

7. Monat

Für 4 und   **für 1 Portion:**
80 g Dinkelzwieback (20 g)
400 ml heißes Wasser (100 ml)
300 g reife, weiche Birnen (75 g)
1 TL Weizenkeimöl (einige Tropfen)

Die Zwiebäcke in einen Gefrierbeutel geben, mit dem Nudelholz sehr fein zerdrücken und in eine Schüssel geben.
Das heiße Wasser darüber gießen, kurz ziehen lassen und mit einer Gabel nochmals zerdrücken. Die Birnen waschen, entkernen, in Stücke schneiden und mit dem Pürierstab pürieren.
Das Birnenpüree und das Weizenkeimöl zum Zwieback-Brei geben, nochmals durchrühren und 1 Portion sofort servieren.
Die restlichen Portionen im Kühlschrank vollständig erkalten lassen, in Gefrierbeutel füllen und frosten.

Vollkorn-Getreide-Brei

7.–9. Monat

Für 4 und   **für 1 Portion:**
800 ml pasteurisierte Vollmilch (3,5 % Fett) oder H-Milch (200 ml)
80 g Vollkorn-Getreideflocken (20 g)
80 g Obstpüree (z. B. Pfirsich, Birne u.a.) (20 g)

Die kalte Milch in einen mit kaltem Wasser ausgespülten Topf geben. Die Vollkorn-Getreideflocken einrühren, unter ständigem Rühren zum Kochen bringen und etwa 3 Minuten kochen.
Den Brei vom Herd nehmen, abkühlen lassen und mit dem Pürierstab pürieren. Das Obstpüree einrühren.
1 Portion Vollkorn-Getreide-Brei sofort servieren. Die restlichen Portionen im Kühlschrank vollständig erkalten lassen, in Gefrierschälchen füllen und frosten.

Getreidebreie

Getreidebreie

Himbeer-Grießbrei — 10. Monat

Für 4 und   **für 1 Portion:**
- 800 ml kaltes Wasser (200 g)
- 1 EL Butter (1/2 TL)
- 160 g Dinkelgrieß (40 g)
- 2 EL Sahne (1 TL)
- 100 g Himbeeren (TK-Produkt) (25 g)
- 1 EL Milchzucker (1/2 TL)

Das Wasser mit der Butter in einem Topf zum Kochen bringen. Den Dinkelgrieß mit dem Schneebesen einrühren und unter ständigem Rühren 2-3 Minuten köcheln lassen.
Den Grießbrei vom Herd nehmen, die Sahne einrühren und den Brei ca. 10 Minuten quellen lassen.
Die Himbeeren durch ein Sieb streichen, mit dem Milchzucker vermischen und unter den Grießbrei rühren. Den Himbeer-Grießbrei erkalten lassen und 1 Portion sofort servieren. Die restlichen Portionen in Gefrierbeutel füllen und frosten.

Tipp:
Da Himbeeren viel Fruchtsäure enthalten, sollten Sie auf mögliche Reaktionen, wie z. B. Wundwerden, Ihres Babys achten. In diesem Falle ersetzen Sie die Himbeeren durch Birnen, Melonen oder auch Bananen.

Grießbrei mit Melone — 10. Monat

Für 4 und   **für 1 Portion:**
- 800 ml kaltes Wasser (200 ml)
- 1 EL Butter (1/2 TL)
- 160 g Vollkorngrieß (40 g)
- 2 EL Sahne (1 TL)
- 200 g Honigmelone (50 g)
- 1 EL Milchzucker (1/2 TL)

Das Wasser mit der Butter in einem Topf zum Kochen bringen.
Den Vollkorngrieß mit dem Schneebesen einrühren und unter ständigem Rühren bei geringer Hitze 2-3 Minuten köcheln lassen.
Die Sahne einrühren und den Brei 10-15 Minuten auf der ausgeschalteten Herdplatte unter mehrmaligem Rühren ausquellen lassen. Die Honigmelone schälen, entkernen, mit dem Pürierstab pürieren und unter den Grießbrei ziehen. Mit Milchzucker süßen und erkalten lassen. 1 Portion Vollkorn-Grießbrei sofort servieren. Die restlichen Portionen in Gefrierschälchen füllen und frosten.

Getreidebreie

Getreidebreie

Getreidebreie

50

Sieben-Korn-Brei
10. Monat

Für 4 und	für 1 Portion:	
100 g Sieben-Korn-Flocken	(25 g)	200 g frische oder tiefgekühlte Beeren (z. B. Erdbeeren, Himbeeren) (50 g)
Wasser		
1 EL Butter	(1/2 TL)	100 g Banane (25 g)

Die Sieben-Korn-Flocken mit dem Wasser nach Packungsanweisung zubereiten. Vom Herd nehmen, die Butter einrühren und abkühlen lassen.
Die frischen Beeren verlesen, waschen; TK-Beeren auftauen lassen, durch ein Sieb passieren. Die Banane schälen und klein schneiden. Das Obst unter den Sieben-Korn-Brei rühren.
1 Portion Sieben-Korn-Brei sofort servieren, die restlichen Portionen in Gefrierschälchen füllen und frosten.

Tipp:
Wenn Sie Tiefkühlobst verwenden, sollten Sie den Brei nicht einfrieren. Bereiten Sie in diesem Fall nur 1 Portion zu.

Vierkorn-Brei mit Pfirsich
10. Monat

Für 4 und	für 1 Portion:	
600 ml pasteurisierte Vollmilch	(150 ml)	200 g reife Pfirsiche (50 g)
		2 EL Naturjogurt (3,5 % Fett) (1 TL)
60 g fein gemahlene Vierkornmischung	(15 g)	2 EL Karottensaft (1 TL)

Die Milch mit dem Vierkornmehl in einen Topf geben und unter ständigem Rühren aufkochen lassen. Den Brei vom Herd nehmen und ca. 5 Minuten quellen lassen.
Die Pfirsiche mit kochendem Wasser übergießen, kalt abschrecken, enthäuten und entkernen. Die Pfirsiche in Würfel schneiden, mit dem Pürierstab pürieren, unter den Vierkorn-Brei mischen und abkühlen lassen.
Den Naturjogurt mit dem Karottensaft glatt rühren und unter den Brei mischen.
1 Portion Vierkorn-Brei sofort servieren. Die restlichen Portionen im Kühlschrank vollständig erkalten lassen, in Gefrierbeutel füllen und frosten.

Getreidebreie

Schokoladenbrei mit Birne 10. Monat

Für 4 und   **für 1 Portion:**   4 EL Wasser   (1 EL)
60 g Schmelzflocken   **(15 g)**   1 Birne (ca. 200 g)   (50 g)
100 ml Birnensaft   **(25 ml)**   40 g Vollmilchschokolade   (10 g)

Die Schmelzflocken mit dem Birnensaft und dem Wasser verrühren. Die Birne waschen, schälen, entkernen, fein raspeln und untermischen.
Die Vollmilchschokolade fein reiben und zum Schluss unterheben.
1 Portion Schokoladenbrei sofort servieren, die restlichen Portionen in Gefrierschälchen füllen und frosten.

Hafer-Pfirsich-Brei 7. Monat

Für 4 und   **für 1 Portion:**   1 EL Weizenkeimöl (einige Tropfen)
800 ml kaltes Wasser   **(200 ml)**   200 g Pfirsiche   (50 g)
120 g Hafer-Schmelzflocken (30 g)

Das kalte Wasser mit den Schmelzflocken in einen Topf geben, bei schwacher Hitze zum Kochen bringen und ca. 1 Minute köcheln lassen.
Den Brei vom Herd nehmen, das Maiskeimöl einrühren und abkühlen lassen. Die Pfirsiche enthäuten, entkernen, in feine Würfel schneiden, in den Brei rühren und mit dem Pürierstab pürieren.
1 Portion Hafer-Pfirsich-Brei sofort servieren. Die restlichen Portionen im Kühlschrank vollständig erkalten lassen, in Gefrierbeutel füllen und frosten.

Getreidebreie

Getreidebreie

53

Feiner Haferbrei — 7. Monat

Für 4 und   **für 1 Portion:**
800 ml Vollmilch (3,5 % Fett) (200 ml)
80 g zarte Haferflocken (20 g)
100 g Banane (25 g)
100 g Apfel (25 g)
100 g Birne (25 g)
einige Tropfen Zitronensaft

Die Milch mit den Haferflocken verrühren und unter ständigem Rühren zum Kochen bringen. Vom Herd nehmen und 10 Minuten zugedeckt quellen lassen.
Das Obst schälen, den Apfel und die Birne entkernen. Die Banane mit einer Gabel zerdrücken, den Apfel und die Birne fein reiben, mit Zitronensaft beträufeln.
Das Obstmus unter den Haferbrei rühren.
1 Portion Haferbrei sofort servieren, die restlichen Portionen in Gefrierschälchen füllen und frosten.

Zwiebackbrei mit Obst — 7. Monat

Für 4 und   **für 1 Portion:**
400 ml pasteurisierte Vollmilch
(3,5 % Fett) oder Säuglingsmilch
(Fertigprodukt) (100 ml)
12 Zwiebäcke (80 g) (20 g)
200 g weiches Obst (z. B. Banane, Mango, Aprikose) (50 g)

Die Vollmilch aufkochen lassen, die Säuglingsmilch nach Packungsanweisung zubereiten. Die Zwiebäcke fein zerbröseln, in eine Schüssel geben, mit der heißen Milch übergießen und kurz ziehen lassen.
Das Obst schälen, je nach Sorte entkernen, mit einer Gabel zerdrücken oder mit dem Pürierstab pürieren. Das Obstpüree unter den Zwiebackbrei mischen.
1 Portion Zwiebackbrei sofort servieren, die restlichen Portionen im Kühlschrank vollständig erkalten lassen, in Gefrierschälchen füllen und frosten.

Tipp:
Wenn Ihr Baby schon etwas älter ist, können Sie das Obst in sehr feine Würfel schneiden oder grob raspeln und unter den Brei mischen.

Sie können natürliche auch andere Obstsorten verwenden, z. B. Apfel, Pfirsich, Himbeeren usw.

Getreidebreie

Vollmilch-Getreide-Brei 7. Monat

Für 4 und   **für 1 Portion:**   80 g Vollkorn-Getreideflocken **(20 g)**
800 ml pasteurisierte Vollmilch   100 g weiche Banane   **(25 g)**
(3,5 % Fett)   **(200 ml)**   1 Prise Milchzucker

Die Vollmilch mit den Getreideflocken in einen Topf geben, unter ständigem Rühren zum Kochen bringen, vom Herd nehmen und ca. 15 Minuten quellen lassen.
Die Banane schälen, klein schneiden, zum Getreidebrei geben und mit dem Pürierstab pürieren. Mit Milchzucker abschmecken, den Vollmilch-Getreide-Brei abkühlen lassen und 1 Portion sofort servieren. Die restlichen Portionen im Kühlschrank vollständig erkalten lassen, in Gefrierschälchen füllen und frosten.

Getreide-Apfel-Brei 7. Monat

Für 4 und   **für 1 Portion:**   200 g ungezuckertes Apfelmus **(50 g)**
80 g Instant-Vollkorn-   1 EL Butter   **(1/2 TL)**
Getreideflocken   **(20 g)**   1 Prise Zimt
400 ml Wasser   **(100 ml)**

Die Getreideflocken in das abgekochte, heiße Wasser einrühren und kurz ausquellen lassen. Das Apfelmus und die Butter einrühren, mit Zimt abschmecken.
Den Getreide-Obst-Brei abkühlen lassen, 1 Portion sofort servieren, die restlichen Portionen in Gefrierschälchen füllen und frosten.

Bananen-Grießbrei 7. Monat

Für 4 und   **für 1 Portion:**   120 g Vollkorngrieß   **(30 g)**
800 ml pasteurisierte Vollmilch   1 EL Butter   **(1/2 TL)**
(3,5 % Fett)   **(200 ml)**   200 g Banane   **(50 g)**

Die Hälfte der Milch in einen mit kaltem Wasser ausgespülten Topf geben. Den Vollkorngrieß einstreuen, unter ständigem Rühren zum Kochen bringen und ca. 5 Minuten ausquellen lassen. Den Brei vom Herd nehmen, nach und nach die restliche Milch mit dem Schneebesen einrühren. Die Banane schälen, mit einer Gabel fein zerdrücken und unter den Grießbrei rühren. Den Bananen-Grießbrei erkalten lassen, 1 Portion sofort servieren, die restlichen Portionen in Gefrierschälchen füllen und frosten.

Getreidebreie

Getreidebreie

Getreidebreie

58

Reisbrei ohne Milch *6. Monat*

Für 4 und   **für 1 Portion:**
400 ml Wasser   (100 ml)   400 g Äpfel   (100 g)
40 g Reisflocken   (10 g)   4 TL Butter   (1 TL)
    1 Prise Zimt   (1/4 TL)

Das Wasser erhitzen und die Reisflocken einrühren. Die Äpfel waschen, schälen, entkernen, in feine Würfel schneiden und zu den Flocken geben. Das Ganze kurz aufkochen lassen, vom Herd nehmen, mit dem Pürierstab pürieren, die Butter einrühren und mit Zimt aromatisieren. Den Reisbrei erkalten lassen, 1 Portion sofort servieren, die restlichen Portionen in Gefrierschälchen füllen und frosten.

Hirsebrei ohne Milch *8. Monat*

Für 4 und   **für 1 Portion:**
400 ml Karottensaft   (100 ml)   400 g weiches Obst (z. B. Banane, Birne)   (100 g)
40 g Hirseflocken   (10 g)   1 EL Maiskeimöl

Den Karottensaft erwärmen und die Hirseflocken einrühren. Das Obst schälen, je nach Bedarf entkernen, mit dem Pürierstab pürieren oder mit einer Gabel zerdrücken und mit dem Maiskeimöl unter den Hirsebrei rühren. Den Hirsebrei abkühlen lassen, 1 Portion sofort servieren, die restlichen Portionen im Kühlschrank vollständig erkalten lassen, in Gefrierschälchen füllen und frosten.

Obstbrei ohne Milch *6. Monat*

Für 4 und   **für 1 Portion:**
500 g reifes, weiches Obst (Birne, Pfirsich, Mango)   (125 g)
100 ml Wasser   (25 ml)
2 EL Hafer-Schmelzflocken   (10 g)

Das Obst waschen, schälen, entkernen und in Würfel schneiden. Mit dem Wasser in einen Topf geben und zugedeckt in ca. 10 Minuten bei schwacher Hitze dünsten. Die Hafer-Schmelzflocken einrühren, mit dem Pürierstab pürieren und erkalten lassen. 1 Portion servieren, die restlichen Portionen in Gefrierschälchen füllen und frosten.

Getreidebreie

Pfirsich- oder Aprikosenmus 8. Monat

Für 4 und
1 kg reife Pfirsiche
oder Aprikosen

für 1 Portion:
(200 g)

200 ml Pfirsich- oder
Karottensaft
(50 ml)

Kleine Twist-off-Gläschen mit kochendem Wasser ausspülen, auf ein Küchentuch stürzen und abtropfen lassen. Die Deckel kurz in kochendes Wasser tauchen und abtropfen lassen. Die Pfirsiche oder Aprikosen mit kochendem Wasser überbrühen, kalt abschrecken und enthäuten. Die Früchte halbieren, entkernen, in Würfel schneiden, in eine Schüssel geben und mit dem Pürierstab pürieren.
Das Püree mit dem Saft in einen Topf geben und unter ständigem Rühren bei schwacher Hitze ca. 2 Minuten köcheln lassen. Das Püree sofort in die Gläschen füllen, mit den Deckeln fest verschließen, auf ein Küchentuch stürzen und erkalten lassen.
Das Pfirsich- oder Aprikosenmus bis zum Verzehr im Kühlschrank aufbewahren und innerhalb von 3-4 Wochen verbrauchen.

Tipp:
Sie können das Mus selbstverständlich auch im Wasserbad einkochen. Bevor Sie es ins Wasserbad stellen, muss das Mus vollständig erkaltet sein, da sonst die Gläschen zerspringen.
Füllen Sie Obstmus oder –püree immer in kleine Gläschen, die innerhalb von 2-3 Tagen aufgebraucht werden können.

Apfelmus 6. Monat

Für 4 und
600 g reife Äpfel

für 1 Portion:
(150 g)

200 ml Wasser oder
Karottensaft
1 Prise Zimt
(50 ml)

Die Äpfel schälen, vierteln, entkernen und in Würfel schneiden. Das Wasser oder den Karottensaft mit den Apfelwürfeln in einen Topf geben, zum Kochen bringen und so lange zugedeckt dünsten, bis die Äpfel weich sind. Das Apfelkompott vom Herd nehmen, mit dem Pürierstab pürieren und mit Zimt abschmecken. Das erkaltete Apfelmus in mit kochendem Wasser ausgespülte Gläschen füllen, mit Twist-off-Deckeln fest verschließen und im Wasserbad ca. 20 Minuten einkochen. Anschließend die Gläschen herausnehmen, auf ein Küchentuch stellen und erkalten lassen.

Obstbreie

61

Obstbreie

62

Obstdessert 6. Monat

Für 4 und	für 1 Portion:		
100 g Banane	(25 g)	100 g Birne	(25 g)
100 g Honigmelone	(25 g)	100 g Pfirsich	(25 g)
		80 g Naturjogurt (3,5 % Fett)	(20 g)

Das Obst schälen, die Honigmelone, die Birne und den Pfirsich entkernen.
Das Obst fein würfeln, in eine Schüssel geben und mit dem Pürierstab pürieren.
Den Naturjogurt untermischen.
1 Portion Obstdessert sofort servieren, die restlichen Portionen in Gefrierschälchen füllen und frosten.

Birnenmus 6. Monat

Für 4 und	für 1 Portion:		
600 g reife Birnen	(150 g)	200 ml Wasser	(50 ml)
		1 Prise gemahlener Anis	

Die Birnen waschen, schälen, entkernen und in Würfel schneiden.
Mit dem Wasser in einen Topf geben, zum Kochen bringen und zugedeckt bei schwacher Hitze 6-8 Minuten dünsten.
Die Birnen vom Herd nehmen, mit Anis abschmecken, mit dem Pürierstab pürieren und erkalten lassen.
Das Birnenmus in mit kochendem Wasser ausgespülte Gläschen füllen, mit Twist-off-Deckeln fest verschließen und im Wasserbad ca. 20 Minuten einkochen. Anschließend die Gläschen herausnehmen, auf ein Küchentuch stellen und erkalten lassen.

Tipp:
Anstelle von Birnen können Sie das Mus auch aus Pfirsichen, Mirabellen oder Kirschen herstellen. Die Früchte können ebenso beliebig gemischt werden.

Karottenbrei
5. Monat

Für 4 und **für 1 Portion:** Wasser zum Dünsten
500 g Karotten (125 g) 4 TL Rapsöl (1 TL)

Die Karotten waschen, schälen und in dünne Scheiben schneiden. Mit dem Wasser in einen Topf geben, zum Kochen bringen und bei schwacher Hitze weich dünsten.
Die Karotten mit dem Kochwasser pürieren und das Rapsöl einrühren.
Den Karottenbrei abkühlen lassen, 1 Portion sofort servieren, die restlichen Portionen im Kühlschrank vollständig erkalten lassen, in Gefrierschälchen füllen und frosten.

Tipp:
Der Karottenbrei ist sehr gut dazu geeignet, Ihr Baby an die Breikost zu gewöhnen, wenn Sie ihn während der ersten Woche füttern.

Den Karottenbrei können Sie sehr gut für die ganze Woche im Voraus kochen und durch Einfrieren konservieren.

Kürbisbrei
5. Monat

Für 4 und **für 1 Portion:** Wasser zum Dünsten
500 g Kürbis (125) 4 TL Maiskeimöl (1 TL)

Den Kürbis schälen, entkernen, die Fasern herausschneiden, das Kürbisfleisch in Würfel schneiden.
Mit dem Wasser in einen Topf geben und bei schwacher Hitze weich dünsten.
Den Kürbis mit dem Pürierstab pürieren und das Maiskeimöl einrühren.
Den Kürbisbrei erkalten lassen, 1 Portion sofort servieren, die restlichen Portionen in Gefrierschälchen füllen und frosten.

Tipp:
Anstelle des Kürbisfleisches können Sie auch Zucchini verwenden.

Gemüsebrei

Gemüsebrei

65

Gemüsebrei mit Ei — 7. Monat

Für 4 und	für 1 Portion:		
400 g Kartoffeln	(100 g)	4 Eigelb	(20 g)
400 g Zucchini	(100 g)	1 EL gehackte Petersilie	
400 ml Wasser	(100 ml)	2 EL Butter	(1 TL)

Die Kartoffeln und die Zucchini waschen, schälen und fein würfeln. Die Kartoffeln mit dem Wasser in einen Topf geben, zum Kochen bringen und ca. 15 Minuten köcheln lassen. Nach 5 Minuten Kochzeit die Zucchiniwürfel dazu geben.
Die Eigelbe einrühren, die Petersilie dazugeben, mit dem Pürierstab pürieren und nochmals aufkochen lassen.
Den Gemüsebrei vom Herd nehmen, die Butter einrühren und abkühlen lassen.
1 Portion Gemüsebrei sofort servieren, die restlichen Portionen im Kühlschrank vollständig erkalten lassen, in Gefrierschälchen füllen und frosten.

Gemüsepüree mit Fenchel — 6. Monat

Für 4 und	für 1 Portion:		
200 g Kartoffeln	(50 g)	1 EL Sojaöl	(1/2 TL)
200 g Karotten	(50 g)	80 ml pasteurisierte Vollmilch (3,5 % Fett)	(20 ml)
100 g Sellerie	(25 g)	2 EL fein gehacktes	
100 g Fenchel	(25 g)	Fenchelgrün	(1 TL)

Kartoffeln, Karotten, Sellerie und Fenchel schälen, waschen, auf einer Gemüsereibe grob raspeln oder in feine Streifen schneiden. Das Sojaöl in einem Topf erwärmen, das Gemüse dazugeben und kurz durchschwenken.
Die Milch angießen und das Gemüse zugedeckt ca. 6 Minuten weich dünsten.
Das Gemüse mit dem Pürierstab pürieren und das Fenchelgrün untermischen.
1 Portion des Gemüsepürees sofort servieren, die restlichen Portionen im Kühlschrank erkalten lassen, in Gefrierschälchen füllen und frosten.

Gemüsebreie

Gemüsebreie

68

Kartoffel-Zucchini-Brei   6. Monat

Für 4 und	für 1 Portion:		
300 g Kartoffeln	(75 g)	200 ml pasteurisierte Vollmilch (3,5 % Fett)	(50 ml)
300 g Zucchini	(75 g)	4 TL Maiskeimöl	(1 TL)

Die Kartoffeln und die Zucchini waschen, schälen und grob raspeln.
Die Vollmilch in einem Topf erhitzen, die Kartoffeln und die Zucchini dazugeben und etwa 10 Minuten bei schwacher Hitze dünsten.
Das Gemüse vom Herd nehmen, mit dem Pürierstab pürieren und das Maiskeimöl unterrühren.
1 Portion Kartoffel-Zucchini-Brei sofort servieren, die restlichen Portionen im Kühlschrank erkalten lassen, in Gefrierschälchen füllen und frosten.

Karotten-Pastinaken-Püree   6. Monat

Für 4 und	für 1 Portion:		
300 g Karotten	(75 g)	1 EL Rapsöl	(1/2 TL)
200 g Pastinaken	(50 g)	100 ml Mineralwasser	(25 ml)
100 g mehlig kochende Kartoffeln	(25 g)	1 EL fein gehackte Petersilie	(1/2 TL)

Die Karotten, die Pastinaken und die Kartoffeln schälen, waschen und auf einer Gemüsereibe raspeln.
Das Rapsöl in einem Topf erwärmen, die Gemüseraspel dazugeben und kurz durchschwenken.
Das Mineralwasser angießen und das Gemüse ca. 10 Minuten dünsten.
Das Gemüse vom Herd nehmen, mit dem Pürierstab pürieren und die Petersilie untermischen.
1 Portion des Karotten-Pastinaken-Pürees sofort servieren, die restlichen Portionen im Kühlschrank erkalten lassen, in Gefrierschälchen füllen und frosten.

Gemüsebreie

Kartoffeln mit Pastinaken 6. Monat

Für 4 und	für 1 Portion:	
500 g mehlig kochende Kartoffeln	(125 g)	ca. 200 ml Wasser zum Kochen
100 g Pastinaken	(25 g)	100 ml pasteurisierte Vollmilch (3,5 % Fett) (25 ml)
		1 EL Maiskeimöl (1/2 TL)

Die Kartoffeln und die Pastinaken unter fließendem Wasser waschen.
Das Wasser in einem Topf zum Kochen bringen, die Kartoffeln und die Pastinaken darin bei mäßiger Hitze ca. 20 Minuten kochen.
Die Kartoffeln und die Pastinaken abgießen, schälen, durch die Kartoffelpresse treiben und in eine Schüssel geben.
Die Milch aufkochen lassen, mit dem Maiskeimöl zum Püree geben und kräftig verrühren.
Den Kartoffelschnee in 4 Portionen teilen, 1 Portion sofort servieren, die restlichen Portionen im Kühlschrank erkalten lassen, in Gefrierschälchen füllen und frosten.

Karottenbrei mit Apfel 6. Monat

Für 4 und	für 1 Portion:		
400 g Karotten	(100 g)	2 Eigelb	(1)
600 ml Wasser	(150 ml)	2 kleine Äpfel	(1)
80 g zarte Haferflocken	(20 g)	80 ml Karottensaft	(20 ml)
		1 EL Rapsöl	(1/2 TL)

Die Karotten schälen, waschen und in feine Würfel schneiden. Mit dem Wasser in einen Topf geben und zum Kochen bringen. Die Haferflocken einrühren und das Ganze unter ständigem Rühren ca. 3 Minuten köcheln lassen.
Den Karotten-Haferflocken-Brei vom Herd nehmen und die Eigelbe unterrühren.
Die Äpfel schälen, entkernen, fein würfeln, mit dem Karottensaft und dem Rapsöl zum Brei geben und alles mit dem Pürierstab pürieren.
1 Portion sofort servieren, die restlichen Portionen im Kühlschrank rasch erkalten lassen, in mit kochendem Wasser ausgespülte Gläschen füllen, mit Twist-off-Deckeln verschließen und im Wasserbad ca. 20 Minuten einkochen. Die Gläschen bis zum Verzehr kühl aufbewahren.

Gemüsebreie

Gemüsebreie

Kohlrabi-Kartoffel-Brei 9. Monat

Für 4 und	für 1 Portion:
400 g junge Kohlrabi	(100 g)
200 g mehlig kochende Kartoffeln	(50 g)
1 EL Butter	(1/2 TL)
200 ml Wasser	(50 ml)
100 ml pasteurisierte Vollmilch (3,5 % Fett)	(25 ml)
1 Prise fein gemahlene Fenchelsamen	
junges Kohlrabigrün	

Die Kohlrabi und die Kartoffeln schälen, waschen und grob raspeln. Die zarten Kohlrabiblättchen beiseite legen.
Die Butter in einem Topf schmelzen lassen, das Gemüse dazugeben und durchschwenken. Das Wasser angießen und das Gemüse zugedeckt ca. 8 Minuten dünsten.
Das Gemüse vom Herd nehmen, die erhitzte Milch einrühren und mit dem Pürierstab pürieren.
Die Kohlrabiblättchen sehr fein hacken und unter den Brei rühren. 1 Portion Kohlrabi-Kartoffel-Brei sofort servieren. Die restlichen Portionen im Kühlschrank erkalten lassen, in Gefrierschälchen füllen und frosten.

Brokkoligemüse 8. Monat

Für 4 und	für 1 Portion:
500 g Brokkoli	(125 g)
100 g mehlig kochende Kartoffeln	(25 g)
100 ml Wasser	(25 ml)
200 ml pasteurisierte Vollmilch (3,5 % Fett)	(50 ml)
1 EL Butter	(1/2 TL)

Den Brokkoli waschen und in Röschen teilen. Die Kartoffeln schälen, waschen und in feine Würfel schneiden.
Das Wasser mit der Milch in einen Topf geben, zum Kochen bringen und das Gemüse darin zugedeckt in 15 Minuten bei mäßiger Hitze weich dünsten.
Das Gemüse vom Herd nehmen, die Butter einrühren und mit dem Pürierstab pürieren.
1 Portion Brokkoligemüse sofort servieren. Die restlichen Portionen im Kühlschrank erkalten lassen, in Gefrierbeutel füllen und frosten.

Gemüsebreie

Gemüsebreie

Fenchelgemüse — 9. Monat

Für 4 und	für 1 Portion:		
500 g Knollenfenchel mit Grün	(125 g)	100 ml Wasser	(25 ml)
200 g Kartoffeln	(50 g)	200 ml pasteurisierte Vollmilch (3,5 % Fett)	(50 ml)
2 EL Rapsöl	(1/2 TL)	1 Msp. fein gemahlene Fenchelsamen	

Von den Fenchelknollen die äußeren, harten Schalen und die Stängel entfernen, den Strunk herausschneiden, den Fenchel waschen und in feine Streifen schneiden.
Die Kartoffeln waschen, schälen und grob raspeln.
Das Rapsöl in einem Topf erwärmen, Fenchel und Kartoffeln dazugeben und durchschwenken.
Das Wasser und die Vollmilch angießen und das Gemüse zugedeckt bei mäßiger Hitze ca. 10 Minuten dünsten.
Das Gemüse vom Herd nehmen, den gemahlenen Fenchel dazugeben, das Gemüse mit dem Pürierstab pürieren.
1 Portion Fenchelgemüse sofort servieren. Die restlichen Portionen im Kühlschrank erkalten lassen, in Gefrierschälchen füllen und frosten.

Gemüsepüree — 9. Monat

Für 4 und	für 1 Portion:		
100 g Karotten	(25 g)	100 ml pasteurisierte Vollmilch (3,5 % Fett)	(25 ml)
500 g Blumenkohl	(125 g)	1 EL Butter	(1/2 TL)
100 ml Wasser	(25 ml)		

Die Karotten schälen, waschen und in dünne Scheiben schneiden. Den Blumenkohl waschen und in Röschen teilen
Das Wasser in einem Topf zum Kochen bringen, das Gemüse dazugeben und etwa 10 Minuten bei mäßiger Hitze dünsten.
Das Gemüse vom Herd nehmen, mit dem Pürierstab pürieren und die Butter einrühren.
1 Portion Gemüsepüree sofort servieren. Die restlichen Portionen im Kühlschrank erkalten lassen, in Gefrierbeutel füllen und frosten.

Blumenkohlgemüse — 10. Monat

Für 4 und	für 1 Portion:		
600 g Blumenkohl	(150 g)	pasteurisierte Vollmilch (3,5 % Fett)	nach Bedarf (ca. 20 g)
1 EL Rapsöl	(einige Tropfen)	2 Eigelb	
1 EL Butter	(1 Msp.)	2 EL Dickmilch	(1 TL)
200 ml Wasser	(50 ml)	1 Msp. gemahlener Anis	
1 EL Vollkornmehl	(1/2 TL)	1 Prise Meersalz	

Den Blumenkohl putzen, waschen und in Röschen teilen. Das Rapsöl in einem Topf erwärmen, den Blumenkohl dazugeben und durchschwenken. Das Wasser angießen und den Blumenkohl zugedeckt ca. 10 Minuten dünsten. Den Blumenkohl abgießen, das Kochwasser in einen Topf geben und aufkochen lassen.
Das Vollkornmehl mit etwas kaltem Wasser verrühren, mit dem Schneebesen in das Kochwasser rühren und ca. 5 Minuten unter ständigem Rühren köcheln lassen. Nach Bedarf etwas Vollmilch einrühren. Den Blumenkohl in der Sauce erhitzen, mit dem Pürierstab pürieren, vom Herd nehmen, die Eigelbe und die Dickmilch untermischen. Das Blumenkohlgemüse mit gemahlenem Anis und Meersalz abschmecken.
1 Portion Blumenkohlgemüse sofort servieren. Die restlichen Portionen im Kühlschrank erkalten lassen, in Gefrierschälchen füllen und frosten.

Lauch-Gemüse-Brei — 10. Monat

Für 4 und	für 1 Portion:		
200 g Lauch	(50 g)	200 g Zucchini	(50 g)
100 g Sellerie	(25 g)	600 ml Wasser	(150 ml)
100 g Karotten	(25 g)	1 EL Olivenöl	(einige Tropfen)
		1 EL fein gehackte Petersilie	(1 TL)

Den Lauch putzen, alles Grüne abschneiden, den Lauch gründlich waschen und in feine Ringe schneiden.
Den Sellerie, die Karotten und die Zucchini waschen, schälen und grob raspeln. Das Wasser in einem Topf zum Kochen bringen, das Gemüse darin zugedeckt ca. 8 Minuten bei mäßiger Hitze dünsten.
Das Gemüse vom Herd nehmen und mit dem Pürierstab pürieren. Das Olivenöl und die fein gehackte Petersilie untermischen.
1 Portion Lauch-Gemüse-Brei sofort servieren. Die restlichen Portionen im Kühlschrank erkalten lassen, in Gefrierbeutel füllen und frosten.

Gemüsebreie

Gemüsebreie

77

Nudel-Gemüse-Püree
10. Monat

Für 4 und	für 1 Portion:
200 g Knollenfenchel	(50 g)
200 g Zucchini	(50 g)
200 g reife Tomaten	(50 g)
2 EL Olivenöl	(1 TL)
100 ml ungesalzene Gemüsebrühe	(25 ml)
100 g gekochte Vollkornnudeln	(25 g)
1 EL fein geschnittene, gemischte Kräuter (Thymian, Basilikum, Oregano)	(1 Msp.)
2 EL saure Sahne	(1 TL)

Die harten Schalen und die Stiele vom Fenchel abschneiden, den Fenchel waschen und in feine Streifen schneiden. Die Zucchini waschen, schälen und fein würfeln. Die Tomaten einritzen, mit kochendem Wasser überbrühen, enthäuten, entkernen und fein würfeln. Das Olivenöl in einem Topf erhitzen, das Gemüse dazugeben und anschwitzen. Die Gemüsebrühe angießen und das Gemüse zugedeckt bei mäßiger Hitze ca. 10 Minuten köcheln lassen. Das Gemüse vom Herd nehmen, die Nudeln klein schneiden, dazugeben und das Ganze mit dem Pürierstab pürieren. Die fein geschnittenen Kräuter und die saure Sahne untermischen und 1 Portion sofort servieren. Die restlichen Portionen im Kühlschrank erkalten lassen, in Gefrierbeutel füllen und frosten.

Dinkel-Gemüse-Brei
10. Monat

Für 4 und	für 1 Portion:
200 g Dinkelkörner	(50 g)
600 ml lauwarmes Wasser zum Einweichen	(150 ml)
100 g Brokkoli	(25 g)
100 g Karotten	(25 g)
100 g grüne Erbsen (TK-Produkt)	(25 g)
2 EL Rapsöl	(1/2 TL)
1 Prise Meersalz	

Die Dinkelkörner waschen und mindestens 5 Stunden, am besten über Nacht, in lauwarmem Wasser einweichen. Den Dinkel mit dem Einweichwasser in einen Topf geben, zum Kochen bringen und zugedeckt bei mäßiger Hitze ca. 30 Minuten köcheln lassen, bis die Körner aufplatzen. Dabei mehrmals umrühren und nach Bedarf noch etwas Wasser angießen. Den Brokkoli putzen, in Röschen teilen, die Karotten schälen, waschen und würfeln. Die Erbsen auftauen lassen. Das Rapsöl erwärmen, das Gemüse dazugeben, etwas Wasser angießen und zugedeckt ca. 10 Minuten dünsten. Den gegarten Dinkel abgießen und zum Gemüse geben. Mit dem Pürierstab pürieren, mit Meersalz leicht abschmecken. 1 Portion Dinkel-Gemüse-Brei sofort servieren. Die restlichen Portionen im Kühlschrank erkalten lassen, in Gefrierbeutel füllen und frosten.

Gemüsebreie

Gemüsebreie

Gemüsebreie

Hirse-Pastinaken-Brei   10. Monat

Für 4 und	für 1 Portion:		
200 g Hirse	(50 g)	700 ml kaltes Wasser	(175 ml)
kochendes Wasser		200 g Pastinaken	(50 g)
2 EL Butter	(1 TL)	1 EL fein gehackte Petersilie	(1/2 TL)
		1 Prise Meersalz	

Die Hirse in ein Sieb geben, 2-3 mal mit kochendem Wasser übergießen, um den leicht bitteren Geschmack zu entfernen. Die Hirse gut abtropfen lassen. Die Butter in einem Topf erhitzen, die Hirse dazugeben und unter ständigem Rühren bei geringer Hitze ca. 10 Minuten leicht rösten, bis die Hirsekörner aufplatzen. Das kalte Wasser angießen, einmal aufkochen lassen und bei geringer Hitze zugedeckt ca. 20 Minuten ziehen lassen. Die Pastinaken schälen, waschen, grob raspeln und 10 Minuten vor Garende zur Hirse geben.
Die Hirse vom Herd nehmen, mit dem Pürierstab pürieren, die Petersilie unterheben und mit Meersalz leicht würzen.
1 Portion Hirse-Pastinaken-Brei sofort servieren. Die restlichen Portionen im Kühlschrank erkalten lassen, in Gefrierschälchen füllen und frosten.

Zucchini-Grünkern-Brei   10. Monat

Für 4 und	für 1 Portion:		
2 EL Rapsöl	(1 TL)	200 g Zucchini	(50 g)
120 g fein gemahlener Grünkern	(40 g)	80 ml pasteurisierte Vollmilch (3,5 % Fett)	(20 ml)
800 ml ungesalzene Hühnerbrühe	(200 ml)	3 Eigelb	(ca. 20 g)
		2 EL fein gehackte Petersilie	(1 TL)

Das Rapsöl in einem Topf erwärmen, das Grünkernmehl mit dem Schneebesen einrühren und ca. 1 Minute hell anschwitzen. Die Brühe unter ständigem Rühren angießen, zum Kochen bringen und ca. 15 Minuten zugedeckt bei mäßiger Hitze köcheln lassen. Die Zucchini waschen, schälen, fein würfeln, zum Grünkern geben und weitere 6-8 Minuten köcheln lassen, dabei mehrmals umrühren. Das Ganze vom Herd nehmen, mit dem Pürierstab pürieren. Die Milch mit den Eigelben verrühren, unter den Zucchini-Grünkern-Brei ziehen und einmal aufkochen lassen. Die fein gehackte Petersilie unterheben und 1 Portion Zucchini-Grünkern-Brei sofort servieren. Die restlichen Portionen im Kühlschrank erkalten lassen, in Gefrierbeutel füllen und frosten.

Gemüsebreie

Gemüse-Reis-Brei 10. Monat

Für 4 und	für 1 Portion:	
120 g Langkorn-Naturreis	(30 g)	
500 ml kaltes Wasser	(125 ml)	
200 g Karotten	(50 g)	
100 g Sellerie	(25 g)	

1 EL Butter (1/2 TL)
1 Prise Meersalz
1 EL sehr fein geschnittenes Basilikum (1/2 TL)

Den Reis unter fließendem Wasser abspülen, mit dem kalten Wasser in einen Topf geben, zum Kochen bringen und aufkochen lassen. Den Reis bei geringer Hitze zugedeckt ca. 35 Minuten ausquellen lassen.
Die Karotten und den Sellerie schälen, waschen, fein würfeln, 15 Minuten vor Garende zum Reis geben. Nach Bedarf noch etwas kochendes Wasser angießen.
Den Gemüsereis vom Herd nehmen, die Butter einrühren und mit dem Pürierstab pürieren. Den Gemüse-Reis-Brei mit Meersalz leicht würzen, das Basilikum untermischen und 1 Portion sofort servieren. Die restlichen Portionen im Kühlschrank erkalten lassen, in Gefrierbeutel füllen und frosten.

Erbsen-Reis-Brei 10. Monat

Für 4 und	für 1 Portion:	
200 g Rundkornreis	(50 g)	
500 ml kaltes Wasser	(125 ml)	
200 g grüne Erbsen (TK-Produkt)	(50 g)	

2 EL Rapsöl (1/2 TL)
1 Prise Meersalz
1 EL sehr fein geschnittene Petersilie (1/2 TL)

Den Reis unter fließendem Wasser abspülen, mit dem kalten Wasser in einen Topf geben, zum Kochen bringen und aufkochen lassen. Den Reis bei geringer Hitze zugedeckt ca. 35 Minuten ausquellen lassen.
Die Erbsen 10 Minuten vor Garende zum Reis geben. Nach Bedarf noch etwas kochendes Wasser angießen. Den Reis vom Herd nehmen, das Rapsöl einrühren und mit dem Pürierstab pürieren.
Den Erbsen-Reis-Brei mit Meersalz leicht würzen, die Petersilie untermischen und 1 Portion sofort servieren. Die restlichen Portionen im Kühlschrank erkalten lassen, in Gefrierbeutel füllen und frosten.

Gemüsebreie

Gemüsebreie

Kohlrabipüree mit Pute   6. Monat

Für 4 und   **für 1 Portion:**   120 g Putenschnitzel   (30 g)
300 g junge Kohlrabi   (75 g)   200 ml Wasser   (50 ml)
300 g Kartoffeln   (75 g)   1 TL Weizenkeimöl   (einige Tropfen)

Die Kohlrabi und die Kartoffeln schälen, waschen und in feine Streifen schneiden.
Das Putenschnitzel unter fließendem Wasser waschen, trockentupfen und in feine Streifen schneiden.
Das Fleisch mit dem Gemüse und dem Wasser in einen Topf geben, zum Kochen bringen und zugedeckt bei mäßiger Hitze ca. 15 Minuten köcheln lassen.
Das Ganze vom Herd nehmen, mit dem Pürierstab pürieren und das Weizenkeimöl untermischen.
1 Portion Kohlrabipüree sofort servieren. Die restlichen Portionen im Kühlschrank erkalten lassen, in Gefrierbeutel füllen und frosten.

Hähnchen-Karotten-Püree   6. Monat

Für 4 und   **für 1 Portion:**   120 g Hähnchenbrustfilet   (30 g)
200 g Kartoffeln   (50 g)   200 ml Karottensaft   (50 ml)
200 g Karotten   (50 g)   1 EL Rapsöl   (1/2 TL)

Die Kartoffeln und die Karotten schälen, waschen und in feine Streifen schneiden.
Das Hähnchenbrustfilet unter fließendem Wasser waschen, trockentupfen, in feine Streifen schneiden.
Das Fleisch mit den Kartoffeln, den Karotten und dem Karottensaft in einen Topf geben und zugedeckt bei mäßiger Hitze ca. 15 Minuten köcheln lassen. Das Hähnchengemüse mit dem Pürierstab pürieren, das Rapsöl untermischen und in 4 Portionen teilen.
1 Portion Püree sofort servieren, die restlichen Portionen im Kühlschrank erkalten lassen, in Gefrierbeutel füllen und frosten.

Fleischbreie

Fleischbreie

Fleischbreie

Gemüse-Kalbfleisch-Püree 10. Monat

Für 4 und	für 1 Portion:
120 g mageres Kalbsschnitzel	(30 g)
200 g Kartoffeln	(50 g)
200 g Karotten	(50 g)
100 g Sellerie	(25 g)
100 g grüne Erbsen (TK-Produkt)	(25 g)
200 ml Wasser	(50 ml)
1 EL Olivenöl	(1/2 TL)
1 Prise gemahlene Fenchelsamen	
1 EL fein gehackter Rucola	(1/2 TL)

Das Kalbsschnitzel unter fließendem Wasser waschen, trockentupfen und in feine Streifen schneiden. Die Kartoffeln, die Karotten und den Sellerie schälen, waschen und fein würfeln. Die Erbsen auftauen lassen.
Das Wasser in einem Topf zum Kochen bringen, das Fleisch, das Gemüse und das Olivenöl dazugeben und ca. 15 Minuten köcheln lassen. Das Ganze mit dem Pürierstab pürieren, das Gemüse-Kalbfleisch-Püree mit dem gemahlenen Fenchel abrunden, den fein gehackten Rucola untermischen und 1 Portion sofort servieren. Die restlichen Portionen im Kühlschrank erkalten lassen, in Gefrierbeutel füllen und frosten.

Püree mit Kalbfleisch 6. Monat

Für 4 und	für 1 Portion:
300 g Zucchini	(75 g)
200 g Blumenkohl	(50 g)
120 g Kalbsschnitzel	(30 g)
200 ml Wasser	(50 ml)
40 g Hafer-Schmelzflocken	(10 g)
1 TL Maiskeimöl	(einige Tropfen)

Die Zucchini waschen, schälen und in Würfel schneiden. Den Blumenkohl in kleine Röschen teilen, waschen und abtropfen lassen.
Das Kalbsschnitzel unter fließendem Wasser waschen, trockentupfen und in sehr feine Streifen schneiden.
Das Fleisch mit dem Blumenkohl und dem Wasser in einen Topf geben, zum Kochen bringen und zugedeckt bei mäßiger Hitze ca. 10 Minuten dünsten.
Die Zucchiniwürfel dazugeben und weitere 6 Minuten köcheln lassen.
Die Hafer-Schmelzflocken und das Maiskeimöl einrühren, einmal aufkochen lassen und das Ganze mit dem Pürierstab pürieren.
1 Portion Püree sofort servieren. Die restlichen Portionen im Kühlschrank erkalten lassen, in Gefrierbeutel füllen und frosten.

Hackfleisch-Brokkoli-Püree 5. Monat

Für 4 und	für 1 Portion:		
300 g Brokkoli	(75 g)	120 g Schweinehackfleisch	(30 g)
300 g Kartoffeln	(75 g)	200 ml Wasser	(50 ml)
		1 EL Rapsöl	(1/2 TL)

Den Brokkoli in kleine Röschen teilen, waschen und abtropfen lassen. Die Kartoffeln schälen, waschen, in feine Würfel schneiden.
Das Hackfleisch mit dem Brokkoli und den Kartoffeln in einen Topf geben, das Wasser angießen, zum Kochen bringen und zugedeckt ca. 15 Minuten bei mäßiger Hitze köcheln lassen.
Das Hackfleisch-Gemüse mit dem Pürierstab pürieren und das Rapsöl untermischen.
1 Portion Hackfleisch-Brokkoli-Püree sofort servieren, die restlichen Portionen im Kühlschrank erkalten lassen, in Gefrierbeutel füllen und frosten.

Fleisch-Gemüse-Püree 5. Monat

Für 4 und	für 1 Portion:		
120 g mageres, gehacktes Fleisch		200 g Karotten	(50 g)
(z. B. Hähnchen oder Kalb)	(30 g)	100 g Pastinaken	(25 g)
Wasser zum Dünsten		2 EL Butter	(1 TL)
200 g Kartoffeln	(50 g)	80 ml Karottensaft	(20 ml)

Das Fleisch in einen Topf geben, das Wasser angießen und zum Kochen bringen.
Die Kartoffeln, die Karotten und die Pastinaken schälen, waschen, fein würfeln, zum Fleisch geben und ca. 15 Minuten weich dünsten.
Das Ganze vom Herd nehmen, die Butter und den Karottensaft einrühren, mit dem Pürierstab pürieren.
1 Portion Fleisch-Gemüse-Püree sofort servieren, die restlichen Portionen in Gefrierschälchen füllen und frosten.

Fleischbreie

Gemüse mit Geflügel

5. Monat

Für 4 und	für 1 Portion:
200 g Karotten	(50 g)
200 g Kartoffeln	(50 g)
200 g Kohlrabi	(50 g)
200 ml Gemüsebrühe	(50 ml)
100 g magere Hähnchen- oder Putenbrust	(25 g)
80 ml Karottensaft	(20 ml)
3 TL Rapsöl	(1/2 TL)

Die Karotten, die Kartoffeln und den Kohlrabi schälen, waschen und fein würfeln. Wasser in einem Topf zum Kochen bringen und das Gemüse darin ca. 8 Minuten köcheln lassen.
Das Gemüse aus der Brühe nehmen, abtropfen lassen und warm stellen.
Die Hähnchen- oder Putenbrust unter fließendem Wasser waschen, trockentupfen, in feine Würfel schneiden, in die Gemüsebrühe geben und ca. 10 Minuten köcheln lassen.
Das Gemüse zum Fleisch geben, mit dem Pürierstab pürieren, dabei den Karottensaft und das Rapsöl untermischen.
1 Portion Gemüse sofort servieren, die restlichen Portionen in Eiswasser rasch erkalten lassen. In mit kochendem Wasser ausgespülten Gläschen füllen, mit Twist-off-Deckeln verschließen und im Wasserbad ca. 20 Minuten einkochen.

Gemüsebrei mit Hühnchen

5. Monat

Für 4 und	für 1 Portion:
120 g Hähnchenfleisch	(30 g)
200 g Karotten	(50 g)
100 g Sellerie	(25 g)
200 g Kartoffeln	(50 g)
200 ml Wasser	(50 ml)
1 EL Rapsöl	(1 TL)
50 ml Karottensaft	(1 EL)

Das Hähnchenfleisch unter fließendem Wasser waschen, trockentupfen und in feine Streifen schneiden.
Die Karotten, den Sellerie und die Kartoffeln, schälen, waschen und in feine Würfel schneiden.
Das Wasser in einem Topf zum Kochen bringen, das Fleisch und das Gemüse dazugeben und zugedeckt bei mäßiger Hitze ca. 15 Minuten dünsten.
Das Rapsöl und den Karottensaft angießen und das Ganze mit dem Pürierstab pürieren. 1 Portion Gemüsebrei sofort servieren, die restlichen Portionen in Eiswasser schnell abkühlen lassen, in Gefrierschälchen füllen und frosten.

Fleischbreie

Fleischbreie

Fleischbreie

Hähnchen-Kartoffel-Brei 6. Monat

Für 4 und   **für 1 Portion:**   Wasser zum Dünsten
120 g Hähnchenbrustfilet   (30 g)   100 ml Karottensaft   (25 ml)
600 g Kartoffeln   (150 g)   2 EL Weizenkeimöl   (1 TL)

Das Hähnchenbrustfilet unter fließendem Wasser waschen, trockentupfen und in feine Würfel schneiden.
Die Kartoffeln waschen, schälen, in feine Würfel schneiden, mit dem Fleisch in das kochende Wasser geben und bei schwacher Hitze zugedeckt ca. 20 Minuten dünsten.
Das Ganze vom Herd nehmen, mit dem Pürierstab pürieren. Den Karottensaft und das Weizenkeimöl unterrühren.
Den Hähnchen-Kartoffel-Brei leicht abkühlen lassen, 1 Portion sofort servieren, die restlichen Portionen im Kühlschrank vollständig erkalten lassen, in Gefrierschälchen füllen und frosten.

Brokkolibrei mit Pute 6. Monat

Für 4 und   **für 1 Portion:**   300 ml Wasser
400 g Kartoffeln   (100 g)   1 Prise gemahlener Kümmel
400 g Brokkoli   (100 g)   4 TL Sojaöl   (1 TL)
120 g Putenschnitzel   (30 g)

Die geschälten Kartoffeln und den Brokkoli waschen und klein schneiden.
Das Putenschnitzel unter fließendem Wasser waschen, trockentupfen und in Streifen schneiden.
Das Gemüse mit dem Fleisch, dem Wasser und dem Kümmel in einen Topf geben, aufkochen lassen und bei schwacher Hitze ca. 15 Minuten köcheln lassen.
Nach Ende der Garzeit das Ganze mit dem Pürierstab pürieren und das Sojaöl untermischen.
1 Portion Brokkolibrei sofort servieren, die restlichen Portionen im Kühlschrank vollständig erkalten lassen, in Gefrierschälchen füllen und frosten.

Fleischbreie

Hähnchenragout mit Reis — 10. Monat

Für 4 und	für 1 Portion:
120 g Hähnchenbrustfilet	(30 g)
200 g Pastinaken	(50 g)
2 EL Butter	(1 TL)
200 ml Wasser	(50 ml)
160 g gekochter Naturreis	(40 g)
1 Prise Meersalz	
1 EL fein gehackte Petersilie	(1/2 TL)

Das Hähnchenbrustfilet unter fließendem Wasser waschen, trockentupfen und in feine Streifen schneiden.
Die Pastinaken schälen, waschen, in feine Streifen schneiden.
Die Butter in einem Topf erhitzen, das Fleisch darin bei mäßiger Hitze anschwitzen.
Die Pastinaken dazugeben und kurz mitschwitzen. Das Wasser angießen und das Ganze beim mäßiger Hitze ca. 15 Minuten dünsten.
Den Reis einrühren und aufkochen lassen. Anschließend mit dem Pürierstab pürieren.
Das Hähnchenragout mit Meersalz leicht würzen und die gehackte Petersilie untermischen. 1 Portion Hähnchenragout sofort servieren. Die restlichen Portionen im Kühlschrank erkalten lassen, in Gefrierbeutel füllen und frosten.

Rindfleisch mit Gemüse — 10. Monat

Für 4 und	für 1 Portion:
200 g Karotten	(50 g)
200 g Kohlrabi	(50 g)
1 El Sojaöl	(1/2 TL)
160 g Rinderhackfleisch	(40 g)
1/2 TL Kräuter der Provence	
300 ml Wasser	(75 ml)
120 g gekochter Naturreis	(30 g)
2 EL saure Sahne	(1 TL)
1 EL fein gehackte Petersilie	(1/2 TL)

Die Karotten und die Kohlrabi schälen, waschen und in feine Würfel schneiden.
Das Sojaöl in einem Topf erhitzen und das Rinderhackfleisch darin bei mäßiger Hitze ca. 8 Minuten braten. Mit Kräutern der Provence würzen.
Das Gemüse dazugeben und kurz mitschwitzen. Das Wasser angießen, zum Kochen bringen und das Ganze zugedeckt bei mäßiger Hitze ca. 10 Minuten dünsten.
Den Naturreis untermischen, einmal aufkochen lassen und mit dem Pürierstab pürieren.
Die saure Sahne und die fein gehackte Petersilie dazugeben.
1 Portion Rindfleisch mit Gemüse sofort servieren. Die restlichen Portionen im Kühlschrank erkalten lassen, in Gefrierbeutel füllen und frosten.

Fleischbreie

Fleischbreie

95

Apfel-Reis-Brei	39
Apfel-Reisflocken-Brei	40
Apfelmus	60
Aprikosen-Grießbrei	42
Bananen-Grießbrei	56
Birnenmus	63
Blumenkohlgemüse	76
Brokkolibrei mit Pute	93
Brokkoligemüse	72
Dinkel-Gemüse-Brei	78
Dinkel-Obst-Brei	45
Erbsen-Reis-Brei	82
Fenchelgemüse	75
Fleisch-Gemüse-Püree	88
Gemüse mit Geflügel	90
Gemüse-Kalbfleisch-Püree	87
Gemüse-Reis-Brei	82
Gemüsebrei mit Ei	66
Gemüsebrei mit Hühnchen	90
Gemüsepüree mit Fenchel	66
Gemüsepüree	75
Getreide-Apfel-Brei	56
Getreidebrei mit Gemüse	36
Getreidebrei mit Obst	36
Grießbrei mit Birne	42
Grießbrei mit Melone	48
Hackfleisch-Brokkoli-Püree	88
Hafer-Pfirsich-Brei	52
Haferbrei	34
Haferbrei, feiner	54
Haferflocken-Obst-Brei	45
Hähnchen-Karotten-Püree	84
Hähnchen-Kartoffel-Brei	93
Hähnchenragout mit Reis	94
Himbeer-Grießbrei	48
Hirse-Pastinaken-Brei	81
Hirsebrei	34
Hirsebrei ohne Milch	59
Karotten-Pastinaken-Püree	69
Karottenbrei	64
Karottenbrei mit Apfel	70
Kartoffel-Zucchini-Brei	69
Kartoffeln mit Pastinaken	70
Kindergrießbrei	34
Kohlrabi-Kartoffel-Brei	72
Kohlrabipüree mit Pute	84
Kürbisbrei	64
Lauch-Gemüse-Brei	76
Nudel-Gemüse-Püree	78
Obstbrei ohne Milch	59
Obstdessert	63
Pfirsich- oder Aprikosenmus	60
Püree mit Kalbfleisch	87
Reis-Bananen-Brei	40
Reisbrei ohne Milch	59
Rindfleisch mit Gemüse	94
Schokoladenbrei mit Birne	52
Sieben-Korn-Brei	51
Vierkorn-Brei mit Pfirsich	51
Vollkorn-Getreide-Brei	46
Vollmilch-Getreide-Brei	56
Waffelbrei mit Aprikosen	39
Zucchini-Grünkern-Brei	81
Zwieback-Birnen-Brei	46
Zwiebackbrei mit Obst	54